大家風範

楊文——著

在當代成功中擁抱傳統價值

學識×品行×涵養×傳承，
重塑世代相傳的價值與生活哲學

家風，究竟如何影響一個家族的興衰?
深入探索家族文化與教育智慧，最寶貴的家族遺產!
揭祕如何塑造良好家教，傳承代代相傳的價值觀，
從中國歷代名門的品德訓示，來看何謂「大家風範」!

目錄

目錄

序言

《孟子．離婁上》有這樣一句話：「天下之本在國，國之本在家。」意思就是，天下的根本在於國家，國家的根本在於每一個家庭。

誠然，「家是最小國，國是千萬家」，家庭是社會的基本單位。一個家庭的美好未來和國家民族的前途命運緊密相連，國家富強、民族復興最終要展現在千家萬戶的幸福美滿上。

「人必有家，家必有訓。」中國自古就是一個重視家庭教育的國度，「家風文化」歷經了悠久的歷史，積澱了深厚的底蘊，且影響深遠，已成為中華兒女流淌在血脈裡獨有的文化基因。古今多少文人名士受益於良好的家風。曾子殺豬，孟母三遷，這些佳話流傳千古；諸葛亮的《誡子書》，陸游的《放翁家訓》，這些名篇百世傳誦。我們熟悉的蘇洵、蘇軾、蘇轍父子三人，也都是在「扶危濟困」、「志存高遠」等優良家風的滋養下，向世人展現了讀書正業、孝慈仁愛、為政以德之風。

序言

一九八〇年代以來，伴隨經濟的不斷發展，經濟制度、社會結構、家庭結構、價值觀念等都發生了深刻變革，社會思潮日益複雜多元，加上全球化背景下家庭文化開放性帶來的影響，傳承發展中華傳統家風家教面臨一定挑戰。

「忠厚傳家久，詩書繼世長。」良好的家風不僅對於個人價值的實現有著潛移默化的作用，而且可以助推個人一步一步沿著「修身、齊家、治國、平天下」的臺階，不斷向上攀登。

廣義上來說，家風對國家、對社會都有著不可小覷的影響。狹義上而言，家風是留給子孫最寶貴的財富。有了良好的家風，我們才能在飛翔時不得意忘形，也能在跌落時懷抱重新起飛的堅定與希望，內化為我們行走世間的底氣和勇氣。

翻開楊文老師寫的這本書，一股濃濃的時代氣息和文化氣息撲面而來。

「家風是什麼？」家風是一個家庭的文化、風氣。每一個孩子，從出生開始，就已經在祖輩和父母的言傳身教中，在日常生活的點點滴滴中，沐浴著家風的薰陶。家風的影響，是一輩子的。

「名人大家的家風是怎樣的？」百年梁家、合肥張家、吳越錢家等等，這些名人大家多年來一直在默默地向世人展現他們的勤、儉、善、誠等中華傳統美德。

「他們又是如何培養孩子的呢？」這些家庭從小就幫助孩子建立立身處世的基本法則——守規矩、敢認錯、愛學習……這些良好的習慣能讓他們受益終身，對處於現代社會的我們也同樣適用。

「我們該如何建設良好的家風呢？」當然是從小就要著手培養孩子的性格和品德。「德」、「護」、「度」、「嚴」、「鬆」、「寬」、「放」這「七經」教我們如何正確育兒，營造良好的家庭氛圍。

「兩代人的教育觀發生衝突時該怎麼辦？」如今，許多家庭都是三代人共同生活，好家風能在許多時候幫助避免矛盾的發生。但別忘了，「愛」才是家庭中最好的潤滑劑。

本書語言質樸，說理有據。書中引用了諸多名人故事、真實案例，讀來生動有趣、興味盎然。其中蘊含的大量的傳統家風文化與現代教育方法，令人受益匪淺。這不僅是一本弘揚中華優秀傳統家風的佳作，也是一本非常難得的現代家庭育兒寶典。

一本好書自然離不開一位優秀的作者。楊文老師扎根家庭教育研究多年，曾經主編出版育兒書獲得很大的社會迴響，深受讀者和業界的好評。如今，他在如何傳承中華優秀家風傳統，如何建設良好家風促進家庭和諧等課題研究上亦有成就，是一位孜孜以求、潛心鑽研的學者。

古人云：「正家，而天下定矣。」當今世界正處於百年未有之大變局，在這樣一個嶄新的時間節點，需要我們傳承「家訓文化」，建設新時代新家風，樹立家庭教育典範，厚植家庭教育的沃土，以助力家庭教育的落實。

願本書能為弘揚中華民族傳統家庭美德盡一份心，為建設和睦家庭、和諧社會景象添一份彩，為培養有理想、有本領、有擔當的青少年助一份力，能積極引導向上向善的社會風氣，使良好家風代代相傳！

是為序。

羅婷

前言　家風，才是一個家庭最寶貴的財產

家風真的還存在嗎？傳統家風在現代家庭中會「水土不服」嗎？家風在新時代裡會發生新的變化嗎？

帶著這些疑問，人們開始重新認識家風。我寫這本書的目的，也是重新探討家風在現代家庭教育中的作用。

在談家風之前，我們先來了解一下什麼是家風。顧名思義，家風就是一個家庭的作風和風氣，也是一家人的氣質。家風可以反映出一個家庭的文化和精神面貌。家風是家庭的精神核心，也是家庭的外在形象。

家風是一種無形的力量，它會在家庭中代代傳承，它對孩子的性格、人格、處事方式、情感關係都會產生深遠的影響，優良家風對孩子的薰陶是一種無聲的教育。家風帶給孩子的影響是永久的，孩子從行為到心靈都會打上家風的烙印，而且這種烙印不會被時間沖淡。因此，我們可以毫不誇張地說，有什麼樣的家風就有什麼樣的孩子。

前言　家風，才是一個家庭最寶貴的財產

優良的家風可以塑造出優秀的孩子，它可以規範孩子的思想和行為，磨練孩子的品德修養。優良的家風可以為孩子的成長保駕護航，因為在優良家風的薰陶下，孩子已經形成了自己立身處世的準則，這就避免了孩子在人生道路上行差踏錯。

家風與家庭的貧富沒有關係，與父母的受教育程度也無關，但是與父母的道德修養有關。一對受過高等教育的父母，不一定能為孩子營造出優良的家風；一對大字不識的父母，卻有可能培養出品學兼優的孩子，老舍先生的母親就是如此。

老舍先生在提到母親對他的教育時說：「從私塾到小學、到中學，我經歷了起碼有二十位老師吧，其中有給我很大影響的，也有毫無影響的，但是，我真正的老師，把性格傳給我的，是我的母親。母親並不識字，她給我的是生命的教育。」

可見，父母給孩子最好的財富既不是家財萬貫，也不是滿腹詩書，而是優良的家風。如果一個家庭有好家風，那麼就能培養出高素養的孩子。如果一個家庭的家風敗壞，那麼從這個家庭中走出來的孩子可能會在人生觀和價值觀上發生偏差，這樣的孩子走入社會以後也會四處碰壁，甚至有可能誤入歧途。可見家風教育不僅對個人和家庭有重要意義，對國家和社會也會產生積極影響。

既然家風教育如此重要，那麼我們應該怎樣營造和傳承優良家風呢？答案都在本書中。

本書從家庭教育的角度重新解讀了新時代的家風，並把中華傳統家風與科學教育理念相結合，為讀者奉上了一節生動的家庭教育課。

本書分為8章，第1章闡述了什麼是家風；第2章點出了家風教育對孩子成長的重要性；第3章介紹了好家風的六個準則；第4章則帶讀者們領略了幾大名門望族的家風家訓以及蘊含其中的教育真諦；第5章是正家風教育中的規則；第6章分析和闡述了父母對孩子的影響；第7章介紹了七大實用育兒經；第8章探討了隔代教育的問題。

在這本書中，我不僅列舉了許多案例，讓書中的觀點和理論更加生動形象化，還為讀者提供了很多實際方法，讓讀者可以將理論與實踐相結合。我相信，讀者朋友們閱讀此書後一定會對家風和家庭教育產生新的看法。

家風是代代傳承的，是父母留給孩子最寶貴的禮物，為了讓這份禮物更有價值，父母們也不能停下學習的腳步。教育孩子本身就是一種修煉，最成功的家庭教育就是父母和孩子共同成長。謹以此書獻給各位渴望學習的父母，希望能與大家共勉！

前言　家風，才是一個家庭最寶貴的財產

Part 1 留家產，不如留家風

第1章　什麼是家風

家風是一個家庭最寶貴的財富，為孩子留下萬貫家財，不如為他們留下優良的家風。什麼是家風呢？家風是一個家庭的文化和風氣；家風是一種環境；家風是一家人的氣質；家風是「勤」、「儉」、「謙」；家風是代代傳承的優秀品格，是孩子教育的點金棒。

家風，就是一個家庭的文化、風氣

任何人都不是孤立成長的個體，從我們出生開始，身邊的每個人、每件事都在深刻地影響著我們、塑造著我們，我們每個人的性格、處事方式和品格修養都與周圍的環境息息相關。而家庭則是我們人生中的第一個成長環境，也是最重要的成長環境。

我們在家庭中學會吃第一口飯、說第一句話、認識第一個字、交第一個朋友，我們的許多「人生第一課」都是在家庭中完成的。

家庭是我們人生的起點，是滋養我們生命的第一塊土壤，如果這塊土壤是「肥沃」的，那麼我們的生命也將變得更加豐盈而美好。

不過，決定家庭這塊土壤是否「肥沃」的關鍵因素並不是物質條件，而是一個家庭的家風。那麼，究竟什麼是家風呢？

所謂家風，就是一個家庭的文化和風氣，它透過祖輩和父母的言傳身教在家族中代代傳承。家風展現在日常生活的一點一滴中，它約束、規範家庭成員的行為，培養家庭的文化和道德氛圍，在潛移默化中影響每個家庭成員的心靈，塑造每個家庭成員的人格。可以說，我們每個人的身上都有著深刻的家風烙印。

在本節中，我將帶領大家認識家風、走近家風，了解家風是如何一步步地影響我們、塑造我們的。

一、家風是一個家庭的文化

每個家庭都有自己的文化，而家風就是家庭文化的凝結。家庭文化對於孩子的性情、待人處世、言談舉止、思維方式等方面有著重大的影響，父母應該積極創造正面的家庭文化，樹立優良的家風。

我的父親和母親就十分重視家風，他們從祖輩那裡學習和繼承了各種樸素的家規，並用自己的行動踐行著它們，同時也深深地影響了我。在待人接物和行為舉止方面，父母從小就對我時刻耳提面命，要求我站有站相、坐有坐相。家裡有長輩到來時，要起身迎接，主動問候；大人談話時，不能隨意插話。

除了「講禮儀、敬長輩」以外，「勤勞」也是我們家的家風，雖然父母並沒有經常叮囑我要勤勞，但是他們用自己的行動影響著我。我在後來的工作中也秉持「不怕苦、不怕累」的勤勞作風，努力把工作做到最好。

在我的記憶中，我們家最重要的一條家規就是：長輩不上桌，小輩就不能動筷子。還記得小時候，無論母親做的菜有多香，我有多想吃，只要父親還沒上桌，我就不能先吃。和爺爺、奶奶、外公、外婆等祖輩一起吃飯時，就要等他們先動筷子。在我們家裡，這條家規直到現在依然被執行著，它已經成為我們家的敬老文化和獨特家風。

我的父母一生勤勉，始終認真地履行對家庭的責任，他們把對我的愛和教育貫穿於日常生活的點滴中，用自己的言行詮釋著家風。自我有記憶以來，幾乎從來沒有聽到過父母的抱怨，他們也有自己的煩惱，但卻從來不在孩子面前說。他們積極向上的生活態度和勤勞踏實的作風時刻都感染著我。

在父母的言傳身教下，我懂得了「百善孝為先」、「一分耕耘、一分收穫」、「積善之家，必有餘慶」……這些道理不僅讓我受益一生，還會繼續傳遞給我的子女。在這樣一代接一代的傳遞中，一個家庭獨有的文化就形成了，這種文化經過提煉、凝聚，就成了家風。

如果一個家庭想要具備優良的家風，父母就要懂得「言傳不如身教」，要在日常的一言一行中踐行家規、家訓，為孩子做好榜樣，為整個家庭營造良好的氛圍。只有這樣，家庭的文化才能形成，家風才能烙印在孩子的心中，並代代傳承下去。

二、家風是一個家庭的風氣

家風是一個家庭的風氣，家庭成員如何做人、做事，都可以反映家風。有的家庭家風優良，因此家庭成員也有勤勉、孝順、謙遜的作風；有的家庭家風敗壞，家庭成員就有懶惰、奢侈、驕橫的作風。

當一個家庭有了好家風，家庭成員就有了好作風，那麼，整個家庭的風氣也是積極向上的。

因此，所有的父母都應該以身作則，為孩子樹立積極向上的家風，在家庭中營造好風氣、杜絕壞風氣。

在我看來，以下三種壞風氣是應該堅決杜絕的。

杜絕懶惰的風氣

在一個家庭中，懶惰的風氣是最要不得的，無論多麼興旺的家族，只要沾染上了懶惰的風氣，就會逐漸走向衰敗。相反地，當家庭成員形成了勤奮的作風，他們的工作和生活就會變得越來越好，家族也會因此而興旺起來。

曾國藩曾提出一個觀點，他認為：是否有早起的習慣，可以反映一個家族的興衰。在他看來，早起是擺脫懶惰的第一步，如果父輩有早起的習慣，子女也會受到正面的影響，整個家庭就會形成勤奮的作風。人人都勤奮努力，家族自然會興旺。

父母應該從生活的各方面做起，營造勤奮的家庭風氣，讓孩子也受到感染，成為一個勤奮努力的人。

杜絕驕橫的風氣

不驕橫霸道，不仗勢欺人，是一個家庭營造良好鄰里關係、結交親朋好友的基本前提。在生活中，那些過於驕橫、喜歡欺負別人的人，最終只能嚥下苦果。因為，驕橫的人一旦失了勢，就會面臨牆倒眾人推的局面。

如果一個家庭中形成了驕橫的風氣，那麼家庭成員在做人做事的時候，也會變得霸道蠻橫，甚至有可能觸犯法律，而這些會讓家庭埋下隱患。為了讓家庭更興旺、更和諧，我們必須杜絕驕橫的風氣，加強子女的道德教育，讓家庭中形成善良寬容、低調謙虛的風氣。

杜絕奢侈的風氣

在消費主義盛行的今天，人們的購買慾望不斷膨脹，因此出現了很多過度消費、奢侈成風的現象。有人認為，只要物質條件允許，奢侈一點沒什麼。但是，他們卻忽略了一個道理，那就是「由儉入奢易，由奢入儉難」，如果一個人、一個家庭養成了奢侈的風氣，那麼，當家庭出現變故時，經濟上就會很快入不敷出，讓整個家庭陷入困境。

無論我們的家庭是貧窮還是富裕，都應該杜絕奢侈的風氣，我們應該把節儉作為家風傳承下去。因為，節儉不僅能保障家庭財產不被浪費，也能提醒我們居安思危。

家風是一個家庭的文化和作風，是孩子成長的重要「養分」，為了家庭的和諧興旺，為了孩子的健康成長，我們必須傳承和發揚優秀的家庭文化，杜絕不良的家庭風氣，規範家庭成員的言行，樹立嚴謹、優良的家風。

三、家風是一家人的「氣質」

我們常說「不是一家人，不進一家門」，這說明來自同一個家庭的人身上，有某些相同的氣質，而這些相同的氣質就是我們所說的家風。家風是一家人的「氣質」，它可以反映出一個家庭的獨特之處。

每一個家族在長期延續的過程中，都會形成自己獨有的風尚和氣質，這種氣質是看不見摸不到的，但它又存在於家庭的日常生活中。每個家庭成員的舉手投足之間都展現著這種獨特的氣質，我們可以將它視為一個家庭的傳統和家風。

家風是經過長期篩選和沉澱的結果，是一代又一代人智慧的結晶，是一個家庭的性格和氣質。它一旦形成，就會成為家庭的重要資源和寶貴財富，對家族成員和後輩造成教化和薰染的作用。《魏書》中的「漸漬家風」詮釋的就是這種「潤物細無聲」的過程。

有的家庭家風勤奮儉樸、忠厚有禮，有的家庭則家風奸猾刻薄、驕橫傲慢。因此，來自不同家庭的人，在氣質上也會有所不同，如果一個家庭的家風優良，那麼家庭成員的氣質也一定是正面的、積極的，關於這一點，我深有體會。

我之前有一個同事，他有個九歲的兒子，我只見過同事的兒子三次，每一次都看到這個孩子哭鬧不止。按理說，九歲的孩子已經開始懂事了，可是我每次看到這個男孩，他都在大哭大鬧，甚至在地上打滾、說髒話。我想一次有可能是巧合，如果每次都是這樣，那就說明這個孩子的教育出了問題。

當我再聯想到孩子的爸爸，也就是我的同事的時候，我心中就有了答案。我的這個同事脾氣比較暴躁，經常和其他人起衝突，不只一次在辦公室拍桌子。而且他和妻子的關係也不太好，兩人經常起爭執，有一次還鬧到了公司。如果父母經常爭吵、脾氣暴躁，孩子也不會成為一個脾氣溫和的人。如果一家人都脾氣急躁，就說明他們的家庭不夠和諧。

從我同事一家人身上，我看到了家風對家庭成員的影響，父母對孩子的影響。家風是一家人的氣質，為了讓家庭成員擁有好的脾氣性格和精神面貌，我們就要振興家風。

那麼，我們應該如何振興家風呢？我有三個觀點，希望能為大家提供一些思考方向。

第一，每個家庭成員都應該負責任、盡義務。

在一個家庭中，丈夫有丈夫的責任和義務，妻子有妻子的責任和義務，孩子有孩子的責任和義務。只有每個人都了解自己的責任和義務，做好自己的分內事，整個家庭才能和諧地運轉下去。

試想一下，如果在一個家庭中，父母不盡到撫養子女的責任，孩子也不孝敬父母，不照顧父母的晚年，那這個家庭的家風就是冷漠而自私的。

只有每個家庭成員都做到自己該做的事，家庭才會和睦，家人之間的感情才會愈加濃厚。比如，父母認真工作、照顧家庭，盡心盡力地照顧孩子、教育孩子成才；子女認真學習、孝敬父母長輩，為父母分擔家務；祖輩體諒子女，愛護孫輩，用慈愛之心對待晚輩等。

當然，「做好自己的分內事」這件事說起來容易做起來難，我們不僅要有責任心，有愛心，還要有能力，才能扮演好自己在家庭中的角色。振興家風，家庭中的每個人都要付出努力，讓自己變得更優秀。

第二，家人之間要互相成就。

家人之間的關係是世界上最親密的關係，具有最牢固的情感紐帶，所以家人之間應該互相支持、互相成就。

為什麼這麼說呢？因為家庭是我們每個人的港灣，當我們還是孩子的時候，家就給予了我們無限力量；當我們長大以後，我們也會成為其他家人的精神支柱。所以我們要支持自己的家人，與家人互相成就。

父母為孩子提供好生活，認真教育孩子，為孩子創造好家風，就是在成就孩子。孩子長大後反哺父母、照顧父母，也是在成就父母。當家人遇到困難時，我們應該伸出援手，盡自己最大的力量幫助他們。

當一個家庭形成團結互愛的氛圍時，還會沒有和諧優良的家風嗎？

第三，嚴以律己，寬以待人。

「嚴以律己，寬以待人」這句話放在任何情景下都是適用的，在家庭中也同樣如此。如果每個家庭成員都能夠做到「嚴以律己」，恪守道德規範，做好自己的分內事，那麼整個家庭的家風就會變得和諧而積極。

如果家庭中的每個人都能「寬以待人」，用寬容的心對待家人，不斤斤計較，那麼家庭中的矛盾就會減少很多，家庭關係也會變得更加和諧。

家風是一家人的氣質，每個家庭成員的身上都能反映出家風，而家庭成員的言行也會反過來影響家風。所以，振興家風需要每一位家庭成員的努力。

蓬生麻中，不扶而直：家風是一種環境

《荀子．勸學》中寫道：「蓬生麻中，不扶而直；白沙在涅，與之俱黑。」從字面上理解，這句話的意思是說，蓬生長在麻田裡，不用扶持也能自然挺直；白色的細沙混在黑土中，也會跟土一起變黑。

稍加引申，它實際就是在告誡我們，當人生活在好的環境裡時，便能健康成長；而如果生活在汙穢的環境中，也會隨著環境而變壞。

把這句話運用到孩子的家庭教育中，同樣非常合適。在家庭教育中，家風就是「麻地」和「黑土」，家風的好壞，也就決定了孩子的好壞。換言之，家風是一種環境，在這種環境中耳濡目染和潛移默化，孩子也會在不知不覺中形成為人處世的準則。

關於這一點，我們可以從一個典故中探究一二。

唐代文學家韓愈擅寫墓誌，當年，他在為房啟寫墓碑銘文時，曾這樣寫道：「公胚胎前光，生長食息，不離典訓之內，目濡耳染，不學以能。」而韓愈之所以做出這樣的評

價，是因為房啟的曾祖父房融和祖父房琯都是唐代著名的宰相，其父親房乘也官至祕書少監。在韓愈看來，生於儒宦世家的房啟，深受純正的家風、嚴格的家訓的影響，在長期的耳濡目染和潛移默化中，似乎不用專門去學，便能具備各種能力。

事實上，韓愈的這篇墓碑銘文背後所反映出的，就是家風對一個人的深刻影響，從某種程度上來說，它也解釋了家風的具體來源。就如溫柔和煦的春風一般，家風雖然看不見、摸不到，但它所蘊含的巨大能量卻是毋庸置疑的。它是一種環境，它雕刻著孩子的性格，也決定著孩子的品性；它來源於父母的言傳身教，也來源於祖祖輩輩的家族成員良好精神風貌的沉澱和累積。

對尚未成年的孩子而言，他們的精神和性情往往還沒有定型，他們的行為和習慣也還處於養成階段。在這一時期，善於模仿、思想單純、是非分辨能力差，但可塑性強的他們往往很容易受到身邊的家人，尤其是父母的薰染。於是，家人與父母的一言一行、一舉一動，即便他們不是有意識地去學，也會在長期的薰陶和潛移默化的影響中，自然與之相似。

比如，在現實的生活中，我們常常可以看到類似的情形：那些父母遇事經常愛發脾氣、愛罵人的家庭培養出來的小孩，遇事往往也愛發脾氣、罵人；而那些父母經常關心他人、幫助他人的家庭培養出來的小孩，往往也具有溫暖的愛心。

正如古人所說的那樣：「賢師良友在其側，詩書禮樂陳於前，棄而為不善者，鮮矣。」家風是一種環境，孩子生活在什麼樣的家風環境中，就會成為什麼樣的人。反過來，父母希望孩子成為怎樣的人，那麼，就應該努力為孩子營造什麼樣的家風環境。

問題是，身為父母，在教養孩子的過程中，我們又該如何為孩子營造良好的家風，讓孩子在好家風、好環境的耳濡目染和潛移默化中健康快樂地成長呢？

具體來說，為了為孩子營造良好家風，身為父母，我們可以從以下兩方面去著手。

一、營造良好的家庭氛圍和家庭環境

家是孩子成長的搖籃，而家人之間的相互尊重、相互理解和相互支持則是孩子成長的幸福底色。在任何一個家庭中，父母的關懷、家庭的溫暖、民主平等的關係、文明禮貌的風氣、奮發向上的精神力量，對孩子的成長都具有至關重要的正向影響。

通常，一個在愛的滋潤下長大，和家人之間具有緊密情感連繫的孩子內心往往更包容、更柔軟；反之，一個和家人之間情感疏離的孩子，則更容易性格孤僻和扭曲，也更容易缺乏安全感和內心的溫暖。

從這個角度來說，營造和睦的家庭氛圍，讓孩子沐浴著溫暖和愛長大，是創造良好家風的先決條件，也是家庭教育的基礎和起點。

這裡所指的為孩子創造優美的家庭環境，並不是指把家裡裝飾得多豪華，也不是指生活用品多上等，而是指要保持家裡的乾淨、整潔，讓家裡充滿文化和知識的氛圍，從而帶給孩子一種美的享受和一種精神上的愉悅感，讓孩子具有向上的精神力量。

二、發揮家長的榜樣作用

孩子具有極強的模仿能力，在孩子成長的過程中，父母的一言一行都會對孩子產生重要的影響，這一點是毋庸置疑的。因此，要想為孩子營造良好的家風，身為父母，還要發揮自己的榜樣作用，引導孩子養成良好的習慣，提高孩子的情商和為人處世的能力。

正如哲學家托爾斯泰曾說過的那樣：「全部教育，或者說千分之九百九十九的教育都歸結到榜樣上，歸結到父母自己的端正和完善上。」對於孩子來說，良好的家庭教育至關重要，區別於學校教育和社會教育，它最大的奧祕便在於父母「潛移默化」的言傳身教和家風「潤物細無聲」的浸潤作用。

「儉、勤、謙」三字是家風核心

在給子女的家書中，曾國藩曾寫道：「家敗離不得個奢字，人敗離不得個逸字，討人嫌離不得個驕字。」可以說，這寥寥數語，幾乎囊括了一個人一生成敗的關鍵，是指導今人持家、處世、做人的重要原則。

曾國藩提到的敗家根源是「奢」、「逸」、「驕」三字，是我們在對孩子進行家風教育時必須戒掉的三個字。與之相對的，我們應該提倡的家風是「儉」、「勤」、「謙」。

一、優良家風離不開「儉」字

晚唐詩人李商隱曾在詩中寫道：「歷覽前賢國與家，成由勤儉敗由奢。」如果我們翻開波瀾壯闊的歷史畫卷，就會發現，從古至今，一個家族的長盛不衰，一定是因為懂得勤儉之道，比如人才濟濟的錢學森家族、家風純樸的曾國藩家族；而一個家族的衰敗沒落，則多源於一個「奢」字，比如酒池肉林的商紂王、奢侈腐化的晚清八旗。

從這個角度來說，身為家長，要想讓自己的孩子將來有所建樹，成為有用之材，那麼，我們就必須讓孩子學會「儉」。而要做到這一點，父母首先就必須做到以身作則，為孩子營造良好的家風，教孩子學會簡樸、樸素。

我的一位朋友曾和我說過這樣一個故事。

有一次，朋友的姐姐因為工作繁忙，沒時間接孩子放學，便委託朋友幫忙去接一下剛上小學的外甥，順便帶他在外面吃頓飯。

放學後，朋友如約接到了孩子，並按照姐姐的要求，帶他去餐廳吃飯。剛坐下，孩子就嫻熟地比了一個手勢，示意服務員過來，然後又輕車熟路地開始點菜，並且點的菜都是比較貴的。

在點了三菜一湯和一份飲料後，朋友試圖阻止孩子，告訴他菜夠了，兩個人吃不了那麼多。沒想到，孩子十分不屑地看了他一眼說：「舅舅，你怎麼這麼小氣啊，放心，今天不用你請，我媽給我錢了，你想吃什麼就點。」

孩子的話讓朋友十分震驚。可是他再一想到孩子從小的生活經歷，便覺得孩子能做出這樣的舉動、說出這番話並不奇怪。原來，朋友的姐姐和姐夫平時都很忙，陪伴孩子的時間不多，所以他們就盡力在物質上彌補孩子。從小，孩子要什麼就給什麼，孩子的吃穿用度都是最好的。漸漸地，孩子便養成了奢靡的性格。

不知道從這個故事中，大家是否會找到自己教育孩子時的影子。我們說，沒有一個孩子是天生就知道節儉的，也沒有一個孩子是天生就奢侈浪費的。而決定孩子節儉或奢侈的，正是父母的引導和家風的薰陶。懂得節約、知道節儉的父母教育出的孩子，一定也是簡單質樸的；相反，奢靡成性、鋪張浪費的父母也一定會從小便在孩子的內心深處種下奢靡的種子，讓奢靡成為孩子的一種本性，影響孩子的一生。

更嚴重的是，正如古語所說的那樣：「由儉入奢易，由奢入儉難。」在孩子成長的過程中，一旦被打上了奢侈的烙印，那麼當發現問題後，希望孩子戒掉這種習慣，回歸簡單樸素就會變得異常困難。

因此，身為父母，從孩子出生的那一刻起，從我們準備好成為父母的那一刻起，就應該傳承和發揚勤儉的傳統美德，為孩子營造節儉的良好家風，幫助孩子剔除奢靡浪費的成長基因。

二、優良家風離不開「勤」字

北宋歐陽修在《新五代史·伶官傳序》裡說：「憂勞可以興國，逸豫可以亡身。」所謂「憂勞」就是勤奮；「逸豫」就是安閒、安樂，它代表貪圖安逸和遊手好閒的生活方式。安逸和懶惰會腐蝕我們的鬥志、促使我們退化、阻礙我們追求幸福，而勤奮則可以讓我們在人生的道路上不斷進步。

從這個角度來說，身為父母，當我們在教育孩子的時候，一定要讓孩子明白安逸的壞處，讓孩子養成勤勞自律的習慣。說到這裡，父母們不妨認真回想一下，在現實生活中，你的孩子是否也曾說過「好無聊」之類的話。為什麼孩子會發出這樣的感嘆呢？其實，這正是因為他們過得太安逸了。

對比一下，過去的孩子，哪有時間發出這樣的感慨？以前的孩子除了要讀書，還要承擔力所能及的家務，根本沒有時間無聊。可是如今的孩子呢？在家裡被幾個大人寵著，平日裡除了讀書、學習，好像就沒有什麼正事了。他們不需要勞動，事事都有人安排規劃，也不需要對他人付出，所以儘管他們擁有豐富的物質生活，可是他們的內心卻很空虛，精神生活也很匱乏，而這也就是安逸生活帶給他們的最直接的負面影響。

《周易》裡寫道：「天行健，君子以自強不息。」意思是說，人只要活著，就應該學會在憂勞困苦中磨練自己，而不應該貪圖安逸。所以在養育孩子的過程中，身為父母，應適當地要求孩子做一些力所能及的家務，讓孩子勤勞一些，多承擔一些對家庭的責任。

三、優良家風離不開「謙」字

營造良好家風的最後一個字就是「謙」，這裡的「謙」，代表的是謙恭、謙遜。

明朝傑出的思想家王陽明在教育自己的孩子時曾說過：「今人病痛，大段只是傲。千罪百惡，皆從傲上來。」的確，「滿招損，謙受益」，驕傲自滿是一個人前進路上的絆腳石。這是因為，人一旦驕傲，勢必就會失去上進的動力，變得居高臨下、頤指氣使，對所有的事情以及各個方面都放鬆警惕。所謂的「驕兵必敗」，說的便是這個道理。所以，父母應該讓孩子去掉驕傲之氣，成為一個謙恭有禮的人。

那麼，父母應該如何幫孩子遠離驕傲自滿，變得謙恭、謙遜起來呢？下面，我將和大家分享幾個小絕招。

▼讓孩子找回理智

教孩子學會理智是讓孩子遠離驕傲自滿的第一步。這裡的理智，既是指情緒上的理智，也是指行動上的理智。簡單來說，就是要教育孩子，當取得一點成績的時候，不要沾沾自喜，而應該保持理智，在看到成績的同時，也要看到自己的不足。

▼獎懲並施，恩威並重

教育孩子時獎勵與懲罰並施也是幫助孩子擺脫驕傲自滿的一個好方法。這是因為，如果父母一味表揚孩子，容易造成孩子的自以為是和驕傲自滿；而如果一味批評孩子，又容易導致孩子失去自信。而只有獎勵與懲罰並施，才能讓孩子樹立正確的價值觀。

▼讓孩子體會挫折和失敗

從某種意義上而言，一帆風順的人生並不是真正好的人生，因為人生太過一帆風順的孩子，更容易變得驕傲自大。因此，適當地讓孩子體會挫折，讓孩子知道在這個世界上也有自己解決不了的事情，可以很好地引導孩子向他人學習、求助，從而更好地促進孩子的進步。

讓孩子正確地認識自己

身為父母，在教育孩子的過程中，我們一定要向孩子灌輸「人無完人」的觀念，讓孩子學會正確地了解自己，既能看到自己的優點，又能看到自己的缺點，並且引導孩子做到查缺補漏，學習別人的優點，彌補自己的不足。只有這樣，才能幫助孩子保持健康的心態，促進孩子更好地成長。

總之，優良家風離不開「儉」、「勤」、「謙」三字，如果孩子能把這三個字都做到了，就一定能成長為一個優秀的人。

第2章 有什麼樣的家風，就有什麼樣的孩子

家風就像空氣，充斥在每個家庭成員的日常生活中，有什麼樣的家風就有什麼樣的孩子。家風的傳承影響著家族中的每一代人，好家風讓家中的每個人都受益匪淺。為了讓孩子健康成長，父母必須言傳身教，把愛和優良家風一代代傳承下去。

一個家族最好的家風就是將愛世代傳遞

只有在愛與關懷下成長的人，才能學會如何愛別人、愛自己。

在家庭中，如果所有人都能夠互相關懷與愛護，那麼這個家庭一定會充滿和諧與幸福。一個家族最好的家風就是把愛世代傳遞，讓孩子在愛中成長，在家風的薰陶中學會

愛、傳遞愛。

贈人玫瑰，手留餘香，傳遞愛的人必定能夠收穫快樂，也能夠用最美好的赤子之心去面對生活。如果父母能把人間至善至美的愛傳遞給孩子，那麼孩子也會成為一個給予愛、收穫愛的人，這樣的人怎麼會不幸福呢？

提起家風和愛，我就會不由得想起記憶深處的那個小女孩。

有一次，我在路上遇到了一位行動不便的老人，那位老人在交通狀況混亂的街道上緩緩挪動，周圍車來車往，老人一不小心就會被撞到。

正當我準備去幫忙的時候，一個小女孩牽著媽媽的手來到了老人的身邊，她們緩緩地跟隨在老人身後，直到老人走到了比較安全的地方才離開。我很奇怪，為什麼她們不直接把老人攙扶過去，小女孩的媽媽也發出了同樣的疑問：「妳為什麼不直接把爺爺扶過馬路呢？」

小女孩稚嫩的聲音從我身後傳來：「老爺爺的腿受傷了，他本來已經很傷心了，如果我們扶了他，他就會想起自己腿上的傷，會更難過的。」

小女孩的媽媽說：「妳真棒，懂得關心別人，媽媽今天要好好表揚妳。」

我雖然不了解小女孩的家庭狀況，但我知道她一定成長在一個充滿愛的環境中。因為，只有沐浴著關懷與愛的孩子，才會這樣發自內心地關懷他人。愛，是父母給孩子最好的財富，也是一個家族應該世代傳遞的家風。

一、愛，是父母留給孩子最好的財富

我們常說中國的父母是最操心、最無私的父母，他們總是怕自己給孩子的不夠多，想竭盡所能地為孩子留下些什麼。其實，父母最應該留給孩子的不是房子、車子、金錢等物質財富，而是以愛為核心的家風。愛的教育、愛的傳承，是父母留給孩子的最珍貴的財富。

那麼，父母應該傳承給孩子的愛到底是什麼呢？

➤愛是關心和照顧

父母的關心和照顧是孩子最需要的，也是傳遞愛的最佳途徑。

許多父母為了提供孩子良好的物質條件，一心只顧工作，每天忙得像上了發條，根本沒有時間分給孩子。於是，很多孩子都是在爺爺、奶奶、外公、外婆或者保母的照顧下長大的，這些孩子雖然有豐富的物質生活，也有其他人的關愛，但卻缺少了父母的陪伴。

在成長的過程中，缺少父母的關愛和照顧，對孩子來說是一件非常遺憾的事。父母是孩子最依賴、最親近的人，只有父母的關懷和愛，才能讓孩子充滿安全感。父母應該抽出時間關心孩子、照顧孩子、陪伴孩子，讓孩子幼小的心靈得到更多的滋養。

▼愛是教育和培養

中國有句老話：「生而不養，鳥獸不如，養而不教，愧為父母。」父母把孩子帶到世界上，就有教育和培養孩子的義務。對孩子的教育和培養能展現父母的愛，著名作家、翻譯家傅雷就是教育孩子、培養孩子的典範。傅雷將自己的兒子傅聰培養成一位鋼琴大師，將自己的次子傅敏培養成英語特級教師。如果不愛孩子，傅雷又怎麼會苦心孤詣地教育孩子成才呢？

古人說「溺子如害子」，真正愛孩子的父母不會一味溺愛孩子，因為他們知道，只有教育和培養才會讓孩子有更好的未來。因此，父母要重視孩子的教育，營造優良的家風，對孩子有愛也有嚴，讓孩子成長得更健康、更茁壯。

父母用愛養育孩子，把愛傳遞給孩子，孩子自然會成為一個心中有愛的人。如果孩子心中有愛，他就會對身邊的一切充滿感恩和歡喜；如果孩子心中有愛，他就會在自己的人生道路上無所畏懼地前進；如果孩子心中有愛，他就會擁有知心好友、親密愛人和幸福家庭。

二、正面鼓勵，讓孩子學會愛

父母不僅要關愛孩子、照顧孩子、教育孩子，讓孩子在愛中成長，還要用自己的一言一行教會孩子愛別人、愛自己、珍惜愛、給予愛。

在生活中，我發現有些家長雖然很愛孩子，但卻不重視對孩子的愛心教育，進而讓孩子變得越來越狹隘和自私。我認為，在孩子的成長過程中，父母應該有目的、有針對性地培養孩子的愛心，讓孩子學會愛，只有這樣才能真正形成有愛的家風。

正面鼓勵、賞識孩子的善舉是培養孩子愛心的第一步，當孩子做出善良、有愛心的舉動時，父母要馬上給予讚賞和鼓勵，讓孩子的有愛行為得到正面強化。而且，孩子年齡小、能力有限，他們的善舉有時候需要父母的協助才能完成。

小軒是一個很有愛心的孩子，他很喜歡小動物，有一次他在公園裡發現一隻受傷的小鳥，小鳥的翅膀折斷了，怎麼掙扎也飛不起來。於是，小軒焦急地對爸爸媽媽說：「爸爸、媽媽，小鳥的翅膀流血了，我們幫幫牠吧！」

小軒的媽媽想了想，決定支持孩子的善舉，她說：「我們可以把小鳥帶回家養傷，但是爸爸和我都很忙，你要承擔起照顧小鳥的重任，好嗎？」

小軒開心地答應媽媽：「沒問題，我會好好照顧小鳥的。」

小軒的爸爸媽媽先帶著小鳥去了寵物醫院包紮好翅膀，然後又買了一些鳥食，就帶著小鳥回家了。小軒每天悉心照顧這隻受傷的小鳥，在小鳥痊癒後，他和爸爸媽媽一起把小鳥放歸了大自然。

案例中，小軒的父母做得非常好，他們不僅肯定了孩子的善舉，還創造條件幫助孩子完成善舉，讓孩子在照顧小鳥的過程中親近了動物和大自然。

父母在培養孩子的愛心時，也要像小軒的父母一樣，及時提供孩子支持和幫助，讓孩子更有做好事的動力。如果父母拒絕幫助孩子做好事，就會讓孩子產生錯誤的印象，認為做好事是不應該的，也是得不到支持的，長此以往，孩子的愛心就會逐漸磨滅了。

當父母幫助孩子完成一件善舉後，孩子會感受到父母對自己的鼓勵和肯定，他們在以後的生活中會更加積極地表達自己的善意。

想讓孩子有愛心，家長就要用自己的言行去影響孩子、支持孩子。那麼，父母應該怎樣做呢？我有幾點建議：

父母要做孩子的榜樣

父母和長輩要為孩子灌輸這樣一個觀點：尊重別人，別人才會尊重你；愛護別人，才能得到別人的愛護。人與人之間的關係是相互的，只有付出，才能得到。父母應該以身作則，在平時的生活中尊老愛幼，主動幫助他人，用自己的愛心和善舉影響孩子，讓孩子形成正確的價值觀，以及助人、行善的行事準則。

給孩子展現愛心的機會

人之初、性本善，每個孩子天生都有一顆善良的心，但是，有時父母卻在無形中剝奪了孩子展現愛心的機會。父母應該為孩子創造機會，讓孩子學會關愛他人，比如長輩過生日時，讓孩子送上自己的祝福和禮物。當孩子有所行動之後，父母應該給予孩子肯定，這樣一來，孩子也會在付出愛心的同時感到愉悅。

▼及時表揚孩子的有愛行為

不管孩子做的好事有多小，家長都要及時表揚，讓孩子明白「莫因善小而不為」的道理，並激勵他以後繼續做出有愛的善舉。

有時候，孩子做好事之前沒有徵得家長的同意，為家長帶來了麻煩，這個時候家長也不要指責孩子，而是要對孩子說：「寶貝，你這樣做是對的，但是下次做事情之前要和爸爸媽媽商量一下，也許爸爸媽媽會有更好的辦法。」想讓孩子的心田上開出真善美的花朵，父母就要及時灌溉、呵護孩子心中愛的幼苗。

▼讓孩子學會設身處地為他人著想

父母要讓孩子學會設身處地地為他人著想，教會孩子理解他人的難處，站在他人的角度看問題，只有這樣，孩子才會擁有共情的能力。擁有強大共情能力的孩子，在與人相處的時候會真誠地關心他人的感受，試問，這樣的人怎麼會不受人喜愛呢？

一個有愛心的人，會受到他人的喜愛和尊重；一個有愛心的家庭，會擁有幸福和諧的生活。把愛世代傳遞下去，是一個家族最好的家風，而愛的產生，關鍵在於父母，有愛心且懂得言傳身教的父母一定能教育出有愛心的孩子。

愛的力量是神奇的，它教會我們如何與他人相處、如何看待世界，心中有愛，生活將充滿陽光。為了讓孩子在愛中成長，並學會愛人、愛己，父母應該營造充滿愛的家風，並把它世代延續下去！

父母是孩子的榜樣：好家風世代相傳

如果說，家庭是孩子的第一所學校，那麼父母就是孩子的第一任老師。孩子的言行和處事，都出自家風的薰陶和父母的教育。

家風是代代傳承的，有什麼樣的父母和家風，就很可能有什麼樣的孩子。孩子的世界觀、價值觀、人生觀由家風和父母的教育塑造，而世界觀、價值觀、人生觀又決定了孩子會成為一個什麼樣的人、過什麼樣的生活。

在家風優良的家庭中長大的孩子，會擁有較好的品性和更健康的心理，他們人生的道路會更寬闊和順遂。在家風敗壞的家庭中成長的孩子，更容易沾染上惡習，性格上也更容易有缺陷，他們的一生中會遇到更多的挫折和不幸。

一、父母是孩子最好的人生導師

營造好家風、傳承好家風，應該從父母開始，因為父母是孩子最好的人生導師。「有其父必有其子」這句俗語形象生動地闡明了父母對孩子的影響。在心理學上，關於原生家庭的研究也充分印證了這個觀點，心理學家認為：原生家庭在孩子身上打下的烙印是不可磨滅的，它將伴隨孩子的一生，並對孩子的人生造成不可逆的影響。因此，父母應該時刻審視自己，審視自己家庭的家風，不要讓壞家風耽誤了孩子的一生。

中國近代思想家、教育家、文學家梁啟超非常重視孩子的教育，在子女的教育問題上，他一直親力親為，並用自己的言行為子女樹立榜樣，讓自己成為子女們人生道路上的一盞明燈。

梁啟超有9個孩子，他對每個孩子都同樣關注，孩子生病了他會親自探望和照顧，對孩子的生活也十分關心，就連女孩子衣服的花色，他都會提出建議。梁啟超經常透過信件與孩子溝通，他會根據每個孩子的性格特點，給予他們指導和幫助。

人們常用「沉默」、「含蓄」、「父愛無言」等詞語來形容父愛，但梁啟超給孩子的父愛卻不是這樣，他會把自己對子女的愛用行動和語言表達出來，讓孩子們充分體會到他的關心與愛護。

梁啟超同樣重視孩子的德行，他對孩子們說：「如果做成一個人，智識自然越多越好；如果做不成一個人，智識卻是越多越壞。」在他的諄諄教誨下，他的孩子們都成了心中有家國，懂得堅守底線的人。梁啟超的九個子女中有七人留學海外，但他們學成之後無一例外地選擇回到自己的國家。

值得一提的是，梁啟超的孩子中，沒有一個繼承父親的衣缽，他們都選擇了自己喜歡的專業領域，並取得了令人矚目的成就。梁啟超常對孩子們說：「人生沒樂趣，要來何用。」他支持孩子們選擇自己喜歡的事業，也十分尊重孩子自己的想法。

梁啟超既是孩子們的父親，又是他們的人生導師，從他對子女的教育中，我們可以看出，優秀的父母永遠都是孩子最好的老師。

父母陪伴孩子的時間是最長的，這一點是任何老師都比不上的。因此，父母對孩子的影響是非常深遠的，我們從孩子的身上能看到父母的影子。

為人父母，就應該意識到自身的重大責任，要努力為孩子營造良好的家風，並且努力從自身做起，用自己的一言一行去感染孩子、影響孩子，讓孩子擁有良好的品性，學會與世界相處。

二、做營造好家風的父母

想要孩子有一個好的成長環境，父母首先要以身作則，用自己的行動營造和傳承好家風。能夠營造好家風的父母一般具有以下幾個特點：

▼ 有格局

所謂的格局，簡單來說，就是一個人的眼界、胸襟、膽識等心理要素的內在布局，它雖然看不見、摸不到，卻往往決定了我們人生的高度和寬度。

在教育界，有這樣一句至理名言：窮養和富養，都不如有格局父母的教養。而擁有良好家風的父母，一般都非常注重格局，他們懂得讓孩子自己去尋找和發現，而不干涉孩子的自由；他們不屑於為孩子貼標籤，往往更看重孩子的品格，能夠根據自己走過的路來啟發孩子，對孩子進行深入的滋養。這樣培養出來的孩子，往往更獨立也更自信。

重承諾

在我進行家教研究的過程中，我發現許多父母在教育孩子的時候都存在這樣一個問題：言行不一致。

比如，我的一位朋友小敏就曾和我說過自己的成長故事。小時候，父母為了鼓勵小敏好好學習，總是會給予小敏一些口頭承諾。

比如，如果小敏考了班級前三名，就買給小敏她心儀的洋娃娃；如果小敏成績進步，就帶小敏出去旅遊。最開始，父母的這些承諾的確對小敏造成了極大的激勵作用，小敏表現得也十分積極。

可是慢慢地，小敏發現，父母每次都只是畫了一個大餅，而當小敏真正做到了他們所希望的那樣的時候，他們的承諾卻從來沒有兌現。於是，小敏的積極性受到了極大的打擊，父母的話再也不能對她造成任何的激勵作用了。

更嚴重的是，她發現，因為這件事，她和父母之間漸漸地也有了隔閡，她變得不再信任父母了，內心也強烈缺乏安全感，而她對其他人的信任也變得脆弱了。

小敏的故事，其實就能夠給父母們很好的啟發。父母的言行不一致，對於孩子內心安全感和信任感的構築，往往具有毀滅性的破壞作用，父母應該格外重視這一點。

能自律

前不久，我去一個朋友家做客，其間，我注意到了這樣一幕：

吃飯的時候，朋友剛滿兩歲的小兒子全程自己動手，而且一點也不挑食，飯菜上來的時候，也不爭搶，想要什麼就讓大人幫忙夾。飯後，朋友讓孩子吃水果，孩子拿了一塊後，就乖乖下桌了。

要知道，兩歲的孩子，天性便愛霸占好吃的，而朋友的孩子之所以表現得如此有節制，相當程度上都應該歸功於朋友夫妻二人，他們可是出了名的自律。而這一點，也是大多數家風好的父母的共同表現。

總之，好的家風是一個家庭最強大的無形力量。凡有好家風，皆有好父母；凡有好父母，皆有好兒女。對於孩子而言，父母永遠是他們成長道路上的明燈，有什麼樣的父母，就很可能會有什麼樣的孩子。

好家風，打破「富不過三代」的魔咒

「富不過三代」是一句俗語，它和孟子所說的「君子之澤，五世而斬」是一個意思，它們都說明了同一個現象：一個家族的輝煌，經過幾代人後就會不復存在。這真的是事實嗎？

相關調查顯示，幾百萬民營企業中有百分之九十以上的人找不到合格的繼承者，家族企業的平均壽命只有24年，只有百分之三十的家族企業能經營到第二代，能堅持到第三代的家族企業只剩下不到百分之十，進入第四代的僅有百分之四。大部分的家族企業似乎都逃不開「富不過三代」的魔咒。

但是，在世界歷史上仍然有一些家族打破了「富不過三代」的魔咒，讓家族的財富和家風一直延續了下來，美國的洛克斐勒家族就是其中的佼佼者。

從創始人約翰·D·洛克斐勒算起，洛克斐勒家族已經歷經六代，並且依然繁盛富裕。翻開美國歷史，我們會發現洛克斐勒家族的身影無處不在。洛克斐勒家族涉足美國的工業、政治和銀行業等重要領域，是美國歷史上最顯赫的家族之一。洛克斐勒家族的傳奇影響了好幾代美國人。

雖然，自第三代領軍人物大衛·洛克斐勒之後，洛克斐勒家族就再也沒有出現過重量級名人，但是文化、藝術、科學、醫療、法律、商業等行業的菁英依然層出不窮。很多人都很好奇，為什麼洛克斐勒家族能打破「富不過三代」的魔咒，綿延繁盛至今？我想這與洛克斐勒家族的優良家風是分不開的。

在此，我將帶領大家一起來了解洛克斐勒家族的家風，看看他們是如何讓家族繁盛延續至今的。

一、正確認識財富

約翰·D·洛克斐勒是家中的長子，他16歲那年就擔起了養家的重任，或許正是因為這樣的經歷，年少的約翰·D·洛克斐勒就已經對財富和金錢有了自己的理解。

他認為，金錢是十分重要的，因為它不僅能夠讓家人擺脫貧困，過上富足而有尊嚴的生活，而且它能讓生命變得更加精彩。

在這種思想的影響下，約翰·D·洛克斐勒從小就立下了累積財富、創造財富的志向，他認為自己應該在方法正當的前提下，盡最大的努力賺取金錢。

他不光自己這樣做，也這樣教育自己的孩子，他曾教導兒子小洛克斐勒：「財富是神的賜予，我們只能去信任並接受它，而不能置之不理。」在給小洛克斐勒的信中，他還這樣寫道：「我應該是富翁，我沒有權利當窮人。」

除了鼓勵兒子追求財富以外，洛克斐勒還告誡兒子賺錢的方式必須合理合法。洛克斐勒認為，只有能夠抵擋金錢誘惑的人，才能真正獲得財富。

當小洛克斐勒有了自己的孩子後，他也將從父親那裡繼承的財富觀念和教育方法用到自己的孩子身上。小洛克斐勒雖然是大富翁，但是他在給孩子零用錢方面卻十分「吝嗇」，他給孩子的零用錢數額是按年齡劃分的，七、八歲時每週30美分，十一、二歲時每週1美元，十二歲以上每週2美元，每週發放一次。

孩子們上大學以後，零用錢金額也和普通家庭的孩子差不多，如果需要額外開支，就要向父親提出申請。小洛克斐勒還發了一個小本子給每個孩子，並要求他們記下每筆錢的用途，每次發放零用錢時，小洛克斐勒都會審查孩子們的帳本。

孩子們的零用錢不夠用怎麼辦呢？小洛克斐勒也為他們提供了賺錢的途徑，他讓孩子們透過做家務賺錢，每項家務都有不同的報酬。這種方法也是小洛克斐勒從自己的父親那裡學到的，後來，這套財富教育的方法在洛克斐勒家族中一代代傳承了下去。

在這樣的家風中，洛克斐勒家的每個孩子都學會了正確看待財富，他們知道如何正確花錢，如何用正當的方法賺錢，他們從小就明白只有自律和奮鬥才能讓自己達到目標。

二、節儉是財富的基石

節儉也是洛克斐勒家族的重要傳統，他們始終信奉一個真理：

節儉是創造財富神話的重要基石。

洛克斐勒家族的節儉家風可以追溯到約翰·D·洛克斐勒的母親愛麗莎，她勤儉持家，在她的影響下，洛克斐勒也養成了節儉的好習慣。愛麗莎教給孩子們的節儉祕訣是「該花的一分不能少，不該花的每一分都要讓它待在能產生效益的地方」，這也成了洛克斐勒最初的生財之道。

洛克斐勒在十二歲那年攢下了24.7美元，這相當於一家五口半個月的生活開支。在母親的指導下，洛克斐勒用這筆錢中的三分之一買了一些小雞，他把小雞餵大後再賣出去，最後淨賺12美元。這次的經歷，在洛克斐勒心中埋下了經商的種子。

洛克斐勒也將節儉融入了自己的家庭教育中。雖然家裡很富裕，但洛克斐勒的孩子們都過著十分簡樸而低調的生活，而且，他們還在遠離紐約的村莊生活過很長一段時間。直到十歲，小洛克斐勒才知道自己的父親是一位大富豪，因為8歲之前小洛克斐勒幾乎從沒買過新衣服，他經常穿姐姐們「淘汰」下來的舊衣服。

當小洛克斐勒長大，開始經營自己的公司時，他的父親洛克斐勒也不忘告誡他節儉的重要性。有一次，父親到小洛克斐勒的公司查帳，發現了一筆鉅額交際支出。他當即詢問這筆錢的具體去向，並嚴肅地告誡兒子：「浪費金錢、奢侈豪華的愚人之舉極不可取。如果過於浪費，還會被人視為傻瓜，誰也不想跟這種人繼續做買賣。」

在父母的言傳身教和代代傳承下，節儉成了洛克斐勒家族的重要家風，並被所有的家族成員銘記在心。

三、慈善家風代代傳

熱衷慈善也是洛克斐勒家族的傳統，他們興建了聯合國大廈、北京協和醫院，致力於解決全世界各地的環保問題、醫療問題、難民問題，創辦了多個藝術博物館，捐贈了許多珍貴的藝術品，在世界各地的慈善和公益活動中，我們都能看到洛克斐勒家族的身影。

洛克斐勒家族累積過鉅額的財富，也經歷過財富的幻滅，因此他們能夠以平常心面對財富，並將財富投入到慈善事業中。

在洛克斐勒晚年，受美國反托拉斯運動的影響，他的公司被分割了。從那一刻起，他就明白了鉅額財富是無法被個人和家族永遠占有的。因此，洛克斐勒家族在美國大蕭條時代積極開展慈善事業，興建了洛克斐勒中心以解決就業問題，積極推動國家經濟的發展，並不惜賠上半數財產。

如果沒有高度的社會責任感，以及對世界的深刻認識，洛克斐勒家族不會有這樣的財富觀，也不會有這樣的家風，更不可能在風雲變幻的兩個世紀裡一直延續下來。

伴隨大衛．洛克斐勒的去世，洛克斐勒家族祖孫三代的傳奇也落下了帷幕，但洛克斐勒中心依然裝點著紐約的天際線，洛克斐勒家族的精神也依然在延續著。

一門好家風，勝過千萬名校

有一次，我去一個朋友家裡做客，正好看到他的兒子在練習書法，令我驚訝的是，朋友的兒子小小年紀竟然有很不錯的書法造詣。如果只看字，我怎麼也想不到這是一個不到十歲的小朋友寫的。

當天去做客的朋友紛紛誇獎朋友教子有方，讓他分享自己的教育方法。朋友說孩子的外公愛好書法，所以孩子從小就跟著外公學寫字，已經持續練習了好幾年。朋友的妻子跟父親練過書法，經常陪著孩子一起練，在妻子和孩子的影響下，朋友也拿起了毛筆。

朋友說，練字能讓人平心靜氣，自從跟著家人開始練字後，他的脾氣好多了。最重要的是，一起練習書法讓他的家裡有了濃厚的學習氣氛。現在，朋友全家經常一起練字，一起參觀各種書法展，交流書法心得。孩子在這種氛圍的薰陶下，也變得更加踏實好學了。

朋友的好家風令人羨慕，如果我們能像他一樣，將優秀的技藝、高尚的品德修養和良好的生活習慣繼承下來，並傳遞給子女，就不愁沒有好家風。

正如偉大的教育學家蔡元培所說：「家庭者，人生最初之學校也。一生之品性，所謂百變不離其宗者，大抵胚胎於家庭中。」

家庭是我們最初的學校，而優良的家風則勝過萬千名校。

一、家風決定孩子的高度

家風，就是家庭的指引。如果一個人從小就受良好家風的薰陶，那麼在他的一生中在處世原則和行為上都不會迷失方向，都會堅守自己的信念。所以，好的家風能夠決定一個人的高度。假設沒有岳家「精忠報國」的家訓，怎會成就抗金名將岳飛？如果沒有喬家「誠實守信」的家風，又哪能創造匯通天下的喬家票號？這就是家風對人一生行為準則的影響。如果家風教導胸懷天下，那麼孩子心中就會種下這種家國情懷的種子，在他未來成長的路上，這粒種子會慢慢發芽，他會心中存大義，不會在小事上斤斤計較。

《梁啟超家書》、《曾國藩家書》、《顏氏家訓》與《傅雷家書》並稱中國「四大家教範本」。在這些家書中我們可以看到他們的大格局，也因此成就了他們家族的輝煌歷史。

好的家訓家風，會成為一個人一生的行為指南。不僅讓他在人生的路上不迷失方向，還能讓他走得更遠更高。

每個家庭都有自己的家風，每個家長都會用自己的人生經驗去教育自己的孩子，在孩子身上處處會留有家風的印記，家風就是文化和道德的言傳身教，是智慧和處事方式的潛移默化。家庭對於孩子的影響是巨大的，一個家庭的生活方式、家風都是會傳承的，它們會影響著這個家庭的所有後代。

二、家風培養孩子的良好習慣

家風會滲透到我們生活的各方面，因此它能夠培養孩子的習慣。

曾國藩曾留下家訓：「家儉則興，人勤則健；能勤能儉，永不貧賤。」於是，勤儉就成了曾家的重要家風。

曾國藩自己以廉率屬，以儉持家，並且「誓不以軍中一錢寄家用」。他的後人們也以勤儉著稱。曾國藩的女兒曾紀芬就很少置辦新衣，經常穿姐姐們留下的衣服，只因曾國藩曾在家書中寫道：

「衣服不宜多制，尤其不宜大鑲大緣，過於絢爛。」

曾紀芬的外孫女張心漪曾在自己的回憶錄中寫道：

「外婆從不穿戴華服，房裡也沒有任何擺設。一張腰子形的書桌，上面放著眼鏡、鎮紙、筆硯等。有一個貝殼碟子，裡面放幾條茉莉花。一張籐椅，上面放個花布靠墊。她每日就在這裡讀經看報，練習書法……衣服也永遠是藍襖黑裙，緞帽緞鞋，飾物則有一根翡翠扁簪，一顆帽花，一副珠環，一隻手錶。幾乎從無變化。」

兩百多年過去了，曾氏家族的後代子孫依然活躍在各行各業，也出現了兩百多位各界菁英。可以說，曾氏家風是中國家風的典範。

而在曾氏家風的影響下，曾家後人也都養成了節儉的好習慣。

好家風能為孩子樹立正確價值觀，培養他們的良好生活習慣。

三、家風薰陶孩子的價值觀

著名作家錢鍾書也是在家風的薰陶下成長的，好家風幫助他樹立了正確的價值觀。

錢鍾書的父親是著名的國學大師錢基博，也是清華大學的國文教授。他對兒子的管教十分嚴格，很看重兒子的成績。錢鍾書十五歲時，還曾因為讀書不用功而捱打。錢鍾書讀書時，不僅要完成學校的作業，還在父親的要求下閱讀古文名著。

錢鍾書上大學期間，父親曾寫信告誡他「做一仁人君子，比做一名士尤切要」，父親希望錢鍾書能「淡泊明志，寧靜致遠」。後來，錢鍾書也的確繼承了父親嚴謹的治學風格，以及淡泊名利的性情。

錢鍾書一生致力於文學研究，在戰亂期間和政治運動期間，錢鍾書也沒有停止寫作和研究。錢鍾書一刻也沒有忘記父親的教誨，他一直踐行著父親傳遞下來的家風。

錢鍾書的女兒錢瑗和他一樣，淡泊名利，從來不為金錢彎腰。

在擔任北京師範大學英語系教授期間，錢瑗到其他學校開會、講學，每次會議結束，錢瑗要麼馬上回學校，要麼就在旅館裡看書。後來臥病在床後，錢瑗依然堅持閱讀、勤於思考。

優良家風勝過萬千名校，它可以提升孩子的品格高度，培養孩子的良好習慣，為孩子樹立正確的價值觀。

家風傳承，影響著一個家族每一代人的成長

家風的影響是無比巨大的，它是我們每個人的人生基石，也決定了我們的價值觀、人生觀和世界觀。優秀的家風是社會安定的保障，是中華傳統文化的根基。家風的傳承影響著每一個人，家風的好壞也決定了後代子孫的修養和素養。

一、好家風和壞家風都是代代相傳的

那些綿延不衰的大家族都有一個共同之處，就是擁有好家風。在一個家庭中行為習慣是會代代相傳的，無論是好家風還是壞家風，都會在家族中不斷傳承下去。

國外犯罪學家曾經做過一個調查，他們發現很多罪犯的家族中，都曾出現過各種不同程度的違法犯罪行為。這種現象看似是巧合，但是卻反映出家風的代代相傳。

孩子天生喜歡模仿，如果一個男孩生長在一個爺爺、爸爸、叔叔都抽菸的家庭中，那麼這個孩子就會把抽菸看成是一件理所當然的事，當他到一定年齡之後，自然會開始抽菸。

我們普通人的家庭中可能不會有正規的家訓，但是也有一些代代相傳的東西。身為父母，我們能傳承給孩子最好的東西就是優良的家風。

孩子是一個家庭的鏡子，他身上集中了父母的優點和缺點。孩子品行不佳，未必全都是他一個人的錯，他背後的家庭要負很大一部分責任，他的家庭沒有合格的家風。

一個家庭的家風、家訓不需要格局宏大、志向高遠，哪怕是一句簡單的「本分做人」就值得好好傳下去。

二、家長如何營造好家風

家庭是社會最小的單位，如果家風不正，那麼整個社會就會風氣不正。因此，培養好家風對整個社會也有著十分重要的作用。

那麼我們應該從哪些方面入手，來培養好家風呢？以下幾點建議，希望能帶給大家一些啟示。

▼從傳統文化中尋求精神力量

很多成功人士都具備一些共同特徵，比如自立、打拚、刻苦、仁義、助人等，這些品格都可以從他們的家庭教育中找到根源。

家長應該靜下心來，從《顏氏家訓》、《朱子家訓》、《三字經》、《弟子規》等古代典籍中尋找一些教育和做人的智慧，以提升自己的素養，改變自己不良的生活習慣，為孩子做出表率。

▼教孩子學做人，把「成才教育」變為「成人教育」

有位史學家曾說：「教育的基本目的就是要把一個人變成一個真正的人。所以，不僅在知識方面要教育他，更重要的是在人格上、道德上給他一個良好的教育。」

的確，道德教育已經刻不容緩，很多父母都只在乎孩子的成績，但不關心孩子能否懂得如何做人。如果一個孩子不懂如何做人，即使他的專業能力再強，也很難在事業上有所建樹。

▼家庭教育與學校教育要相互配合

家庭和學校是孩子最重要的兩個受教育場所，只有二者相互配合，孩子才能健康成長。父母要關注孩子的學校生活，關注孩子在學校裡的表現，千萬不要放任不管。而且，父母不僅要關注孩子的學習成績，還要關注孩子在學校的人際關係、身心健康和日常表現。

好家風不是一兩天就能夠養成的，它需要長期的耳濡目染、自我約束和自我提升。而且，我們只有提升自己的修養，才能影響孩子，進而形成優良的家風。

父母都要從自身做起，傳承和發揚優秀的家風家訓。修正自己的一言一行，才能影響孩子，讓好家風一代代傳承下去。

第3章 好家風的六個準則

好家風有六個準則：孝親、齊家、積善、明禮、崇簡、知恥。為了教育好孩子，父母應該按照這六個準則去營造自己的家風，創造幸福的家庭，讓孩子在優良的家風和幸福的家庭中成長。

孝親：以感恩的心善待父母

孝，在中華傳統文化中有著十分重要的地位。在古代，「孝」甚至被認為是一切道德的基礎。

《論語》就把「孝」、「悌」作為「仁」的根本。這是因為基於親人之間的血緣的「孝」

比其他道德品格更具有本源性。孝在維護社會和諧穩定、提高個人道德素養方面有著非常特殊的意義。

一、善待父母，是最基本的教養

善待父母是「孝親」的核心，也是一個人的基本素養。父母是生養我們、照顧我們長大的人。從牙牙學語到長大成人，我們都離不開父母的呵護和教育。所以，我們應該感恩父母、善待父母。

那麼，我們應該怎樣善待父母呢？有人說，善待父母就是給父母錢，讓他們想吃什麼就吃什麼，想買什麼就買什麼。但是，我認為這是遠遠不夠的。

善待父母，不僅要在物質層面關懷父母，為他們購買生活所需的物品，改善他們的生活條件，還要在精神層面關愛父母，多陪伴父母，多和父母溝通，告訴父母自己的近況。

善待父母是基本道德，如果一個人連父母都不能善待，那麼這個人的品格是非常值得懷疑的。當然，父母與子女之間的感情是相互的，所謂「父慈子孝」說的就是這個道理。

「善待父母」不應該變成一句空洞的口號，而是要貫徹到日常生活中。父母們應該以身作則，讓孩子懂得孝敬老人、善待父母的道理。

二、言傳身教，讓孝順延續

教會孩子「孝親」需要父母的言傳身教，關於這一點，我的朋友小徐做得非常好。小徐平時性格大咧咧，但是她對老人卻非常細心。婆婆來她家小住時，她每天早上都會為婆婆準備各式各樣豐富的早餐，並到菜市場買好菜，然後才會去上班。

下班回家後，小徐會主動幫婆婆分擔家務，讓婆婆有時間和孫子玩一玩。週末，她還會跟老公一起帶著婆婆和兒子到城市周邊旅遊，品嘗特色美食。

婆婆不舒服的時候，小徐會主動照顧，並帶婆婆到醫院看病，幫婆婆買藥。婆婆住在小徐家的這段時間，過得非常開心，逢人便誇自己的兒媳婦好。

小徐的兒子也把媽媽的一舉一動看在眼裡，他從父母對奶奶的態度中明白了「孝親」的含義，以及兒孫應該怎樣孝敬老人。於是，兒子每天晚上都幫媽媽按摩，並對媽媽說「媽媽辛苦了」，這讓小徐工作一天的疲憊一掃而光。

父母是孩子的榜樣，如果父母對老人的態度不好，孩子就會記在心裡，並用同樣的惡劣態度對待自己的父母。如果父母對老人的態度好，那麼孩子也會學著體貼和關心父母。培養孩子的孝心不能只停留在說教上，更應展現在行動中，只有父母以身作則，孩子才會把「孝」字真正放在心中，孝順才能在家族中延續。那麼，我們應該如何做呢？

▼營造孝順父母的家庭氛圍

家庭中應該有「孝親」的氛圍，父母不應該在孩子面前說對方父母的長短，而是要講父母對自己的關心和愛護，自己為父母做的事。父母還應該提醒孩子，爺爺奶奶和外公外婆年紀大了，應該尊敬他們、照顧他們。同時，父母還要告訴孩子自己有一天也會老，也需要孩子的照顧。

無論孩子能否聽懂這些道理，父母都要向他們說明，說得多了，孩子會在潛移默化中樹立「孝親」的觀念。

▼家庭中應事事以老人為先

在很多家庭中，孩子永遠排在第一位，父母和老人都要讓著他們。但是這種做法是十分不妥的，不利於培養孩子孝順父母的品格。

當家中有老人時，我們應該以老人為先，比如，吃飯時我們應該先為老人盛飯，也可以讓孩子來幫老人盛，讓孩子從生活中的小事開始做到孝親。

定時探望老人

如果不和老人住在一起，就要注意按時探望老人，而且在探望老人時，最好帶著孩子。老人一段時間看不見孫子孫女就會十分想念，滿足他們的這個願望也是一種孝順。

如果因為特殊原因孩子長時間沒跟老人見面，父母應該讓孩子打電話給長輩，使祖孫之間有交流和溝通的機會。

俗話說「看花容易繡花難」，善待父母這幾個字看起來簡單，但真正做起來我們會發現自己有很多不足。更關鍵的是，只有我們自己做到了善待父母，才能為孩子做好榜樣。

齊家：以嘉言懿行與家人和睦共處

如果一個人不能與家人和睦相處，那麼，即使他獲得了再多成就，贏得了再多榮譽，他也是孤獨的。因為他的榮耀和幸福無人分享，痛苦和迷茫也無人訴說。

如果家庭不和諧，家人之間的關係緊張，我們將錯失很多幸福，我們的人生也將留下遺憾。所以，我們應該營造和諧家風，以嘉言懿行與家人和睦共處。

一、與家人和諧相處，營造幸福生活

錢鍾書和楊絳的感情令人羡慕，他們的家庭也充滿溫馨和幸福。在短短幾十年裡，錢鍾書、楊絳、錢瑗三人共同度過了相守相助、相聚而又相失的歲月。

楊絳是丈夫錢鍾書的賢內助，她為了支持丈夫出國留學，中斷了自己在清華的學業，陪著丈夫遠渡重洋。留學期間，楊絳幾乎包攬了所有的家務，她還在家務之餘跑到錢鍾書所在的學校旁聽。錢鍾書不擅長家務，楊絳懷孕生產期間，他經常因為不會做家務而鬧笑話，楊絳也總是對他說「不要緊」。身為一個妻子和母親，楊絳為家人付出了全部的心血和愛。

錢鍾書雖然不會做家務，是一家人中最需要照顧的「孩子」，但他感情細膩，對待妻子和女兒寬和溫柔。他把最大的寬容留給了家人。

女兒錢瑗從小乖巧懂事，她是父親的開心果和最好的「哥兒們」，父女倆經常在一起玩遊戲、講笑話。自從有了女兒錢瑗，錢鍾書的家裡總是充滿了歡聲笑語。錢瑗長大後，經常照顧和陪伴父母，她一直都是父母的驕傲，她帶給了父母莫大的快樂和幸福。

這些溫暖的細節都記錄在楊絳的散文集《我們仨》中，楊絳用簡潔而沉重的筆調回憶了他們一家三口共同度過的時光。雖然他們一家人的生活並不是一帆風順，但那些風雨同舟、患難與共的日子同樣動人。

和諧親密的家庭帶給人的幸福感，是其他事物無法比擬的。與家人和諧相處，營造幸福家庭是人生中的重要課題，楊絳也認為自己一生最大的成就就是擁有了一個好家。

家是世界上最溫暖的地方，那裡有我們最愛的人和最愛我們的人。願意與家人和諧相處，創造幸福家庭的人會過得更幸福。如果沒有一個溫暖的家，我們一定會感到落寞和孤獨。

種瓜得瓜，種豆得豆，種下理解，就能收穫寬容；種下體諒，就能收穫和諧；種下挑剔，就會長出埋怨；種下指責，就會長出禍根。與親人和諧相處，營造幸福家庭，要靠我們自己努力。

二、怎樣與家人和諧相處

可是，在現實生活中和家人和睦相處並不容易，那麼，我們應該如何做呢？

▼求同存異

在非原則性問題上，我們應該抱著求同存異的態度來與家人溝通。只要最終目的達到了，就不要追究過程。比如，對於洗衣服這件事，有人喜歡用手洗，有人喜歡用洗衣機洗，只要最後衣服洗乾淨了，我們就不要過多去糾結洗衣服的方式了，這樣只會徒增煩惱和不快。

對於重大的事，家庭成員可以從不同角度暢所欲言，以便找到更好的解決方案。比如，對於買房的問題，應該聽取多方意見後再做決定。

包容、信任

家庭成員相處時，需要包容和信任，只有互相信任、互相包容，才能相處得更融洽。

在與外人相處時，我們會把自己「偽裝」起來，把自己的缺點和不好的一面都藏起來。但是在家人面前，我們更願意卸下「偽裝」，用自己最真實的面目去面對自己的親人和伴侶。

而真實的面目往往意味著更多的缺點和稜角，所以和家人相處更需要包容和信任。

勇於承認錯誤

我們要明白，認錯不等於低頭，與家人相處時，要勇於承認錯誤，因為這樣可以加強信任。

對於那些已經發生了的錯誤，我們要勇於承認，不要延伸到其他事和其他人身上，也不要為自己貼標籤。犯了錯誤，只要勇於認錯，積極改正，就能重新贏得家人的信任。

▼ 及時化解矛盾

和家人之間有了矛盾應該及時化解。首先，我們要控制自己的情緒，不要被情緒支配，說出一些傷害對方的話。其次，我們要好好想一想與家人發生矛盾的原因，如果有誤會就要及時澄清。最後，如果是我們做錯了，就應該及時向對方道歉，千萬不要因為面子而不肯道歉，這樣只會讓衝突加劇。

與家人相處的學問有很多，但真誠和愛才是最重要的訣竅。

積善：積善成德，善待身邊的人

《周易》中說：「積善之家，必有餘慶。積不善之家，必有餘殃。」這句話的意是：常做善事的人家一定會有很多值得慶賀的事，經常作惡的人家會有許多災禍發生。

從這句話中，我們可以看到積善的家風是多麼重要。想要讓家風清正，家庭興旺繁榮，我們就要把「善」作為家風。

一、積善之家，必有餘慶

在一百多年前，有一個英國農民正在田野裡工作，他突然聽見了呼救聲，原來是一名少年不幸落水了。善良的農民不假思索地跳入水中，把少年救了起來。這時，大家才得知這個獲救的少年是一名貴族之子。

過了幾天，那個少年的父親親自帶著厚禮登門致謝。但農民認為救人只是為了對得起自己的良心，並不是貪圖對方的謝禮，更不是因為對方的貴族身分。

貴族少年的父親很佩服農民的高尚品格，於是決定資助農民的兒子到倫敦接受高等教育。考慮再三後，農民接受了這份餽贈，因為讓兒子接受高等教育是他的夢想。

農民的兒子得到了改變命運的機會，多年後他從倫敦聖瑪麗醫學院畢業，並在一九四五年獲得諾貝爾生理學或醫學獎，後來他還被英國皇室授予爵位。這個農民的兒子叫亞歷山大·弗萊明，他是青黴素的發明者。

雖然這個故事中有些戲劇性的巧合，但是它至少告訴我們，愛做善事的人運氣不會太差。當然，我們做善事並不是為了得到回報，但我們至少可以感受幫助別人的快樂。

如果一個家庭有「積善」的家風，那麼這個家庭氛圍一定是和諧而快樂的，這個家庭中的孩子也一定是善良、有德行的人。

二、善的兩個維度：行善與心善

積善不是一時興起去做好事，而是要培養一種行善的習慣和高尚的道德觀。只有做到「知行合一」，才能避免行善流於表面，變成沽名釣譽的伎倆。

在我看來，真正的善有兩個維度，一是行善，二是心善。

行善，就是在行動上做善事，比如參加公益活動、做義工，參加慈善捐款，用行動去幫助那些需要幫助的人。不過行善只是善的外在表現，很多人都只停留在這個層面上，並沒有真正理解為什麼要做善事。

比如，我們經常在新聞上看到有人買了魚蝦、烏龜或蛇到野外放生。雖然放生是善舉，但隨意放生不僅不能保證被放生的動物存活，還會對生態環境造成破壞。這種放生的行為不是真正的積善，而是一種流於表面的淺薄行為。

心善，是指內心深處的善良，心善的人知道什麼是真正的善。

心善的人行善舉時不會只考慮眼前，而會考慮長遠的影響，以及行善的真正意義所在。

比如，有兩個人在野外看見狼在追捕一隻兔子，第一個人憐憫兔子，於是把狼趕跑了，而第二個人卻沒有採取任何措施。第二個人難道不善良嗎？當然不是！相反地，這個人知道弱肉強食是大自然的規律，救了兔子，狼會挨餓，而且我們不應該對大自然進行人為干涉。

要成為真正的積善之家，就必須同時做到行善和心善，並用自己的品德去影響周圍的人。孩子如果成長在一個積善之家，他們就會不自覺地模仿和學習，讓積善的家風繼續傳承下去。

明禮：深到骨子裡的教養，才是真正的教養

中國是禮儀之邦，過去「禮」是一種社會政治制度，現在「禮」是人與人交往的儀式。「禮」的形式有千萬種，但它的核心主旨只有一個，那就是對他人的尊重。是否守

禮、知禮能夠展現一個人的教養。

如果我們想成為一個真正有教養的人，就要明禮、學禮、知禮、守禮，把禮儀與尊重刻進骨子裡，讓教養展現在一言一行之中。

可是我在生活中卻看到很多家長根本不在意孩子的教養問題，因為他們連公共場合的基本禮儀也不遵守。

我很喜歡逛商場，但我卻很不喜歡在商場碰到的某些人。在商場餐廳用過餐的人都知道，餐廳裡有一個很明確的標語：用餐後請把餐盤放到餐盤架上。可是很多人卻對這條標語視若無睹。

有一次，我在餐廳碰到兩家人，這兩家人裡有兩個小男孩，他們端著果汁滿地亂跑，把果汁灑得到處都是，但他們的父母卻好像沒看見一樣。

當他們好不容易吃完了飯，正準備離開時，服務人員提醒他們：「餐後請自行放好餐盤。」幾個大人聽到服務生的話後，馬上一臉蠻橫地大喊了起來：「我花錢吃飯，還要幫你收拾？」

最後，還是服務生收拾的餐盤。我看著那兩家人留下的滿桌狼藉的餐盤和地上的果汁時，深深地為他們感到羞愧。因為他們的行為已經將自己的教養暴露無遺。

在這種家庭長大的孩子，很可能會缺乏教養，因為他們的父母沒有告訴他們在餐廳奔跑和打鬧是沒有教養的表現，他們意識不到自己的行為是不妥當的、沒教養的。更有甚者，孩子會養成自私蠻橫、愛占小便宜的性格。

很多父母一心想著要為孩子提供最好的物質條件，讓孩子上最好的學校，穿名牌衣服，上昂貴的才藝班，可是卻忽略了孩子的教養。

所謂教養，就是尊重和禮貌，這也是家風教育中重要的一課。

一、教養的形成取決於家風

有一次，我和朋友們去自助餐廳吃飯，大家都在拚命地拿食物，恨不得自己有兩個胃，但有一個人引起了我的注意。他只是簡單拿了幾樣食物，並把食物精心地擺放整齊。我想這個人一定很有生活情調，而且很有教養。

一個人的行為可以反映他的教養，而教養則取決於家風。我有一個朋友在一家培訓中心工作，他在中心遇到一個學生，這位學生每次見面都會主動問好，每次下課了都會對老師說「謝謝」。而且，他離開的時候一定會把椅子放回原處，類似的事情還有很多。

總之，這個學生的種種行為都展現了他的良好教養。

朋友一直以為這個學生來自一個富裕的家庭，到後來才發現，這個學生的家庭很普通，但是他的父母都非常有教養，說話慢條斯理，完全看不出來是經營雜貨店的商販。

當然，我並不認為教養和家境有直接的關係，只是在傳統觀念裡，大家都認為富裕家庭的孩子可以接觸到比較好的教育資源，各方面素養都有可能比普通家庭的孩子高。但事實並不是如此，普通家庭也可以因為優良的家風而培養出有教養、高素養的孩子。

所以，教養與家境無關，但與家風有關。

二、有教養的人有哪些特徵

說了這麼多，有教養的人具備哪些特徵呢？我認為有以下幾點。

▼守時

有教養的人必然是守時的，無論是開會還是赴約，他們從不會遲到。因為在他們看來，自己的遲到是對那些準時到場的人的不尊重。有教養的人不僅自己守時，也會要求自己的孩子守時。

談吐文雅

如果一個人口吐髒話、動不動就辱罵別人，喜歡高聲喧譁或者喜歡說一些很粗鄙的話，那麼這個人一定不是有教養的人。有教養的最基本條件就是談吐文雅，這是對他人的基本尊重。

態度謙和

有教養的人在與人交往時態度都十分謙和，哪怕對方的地位不如他們，他們也不會看低對方。尊重每一個人，才是真正有教養的人做的事。

而且，有教養的人在與他人交往的時候，從來不會表現出優越感和一絲一毫的自傲，無論他們的履歷有多輝煌，成就有多耀眼。

信守承諾

講誠信是一個人骨子裡的教養，哪怕是遇到困難，有教養的人也不會輕易食言，他們會想方設法地完成自己的承諾。他們認為，答應別人的事情，就一定要做到。

關懷他人

有教養的人對他人是充滿關懷的，尤其是對弱者。這是因為他們骨子裡是善良和悲憫的。因此，有教養的人會主動禮讓女士、孩子和老人，遇到弱者，他們總會伸出援助之手，或者給對方行個方便。

胸襟寬廣

有教養的人往往胸襟開闊，不會為了一點小事就與人反目成仇。相反，他們能寬容別人的失誤，給別人改正的機會。

尊重他人

教養的核心是尊重，所以有教養的人一定懂得尊重他人。這種尊重展現在他們的一言一行中，這也是為什麼當我們與有教養的人交往時會感到如沐春風。

真正的教養是從骨子裡透出來的，而教養是由家風決定的，只有家風薰陶出來的教養，才會深深地刻進孩子的骨子裡。

崇簡：愛惜資源，尊重他人的勞動成果

我的父母從小就教育我要勤儉節約，如今，「人走燈熄，隨手關燈」的習慣還深入我的生活，每當我要離家出門時，我都會檢查一下電燈和空調是否關上。在家裡，我總是習慣用自己的水杯喝水，以免浪費一次性水杯。我會把每天剩下的茶水留下來澆花，既不浪費資源，又能讓花得到養分。

崇尚簡樸、厲行節約並不是吝嗇的表現，而是反對奢侈、鋪張浪費。

現在很多孩子都有攀比和鋪張浪費的毛病，如果任其發展，情況會變得非常可怕。然而，比這更可怕的，是家長們的態度。我們注意到，不少父母自己省吃儉用，但對孩子的消費需求卻有求必應。久而久之，孩子就養成了奢侈浪費的習慣，甚至出現漠視他人勞動成果、不尊重勞動者的現象。

我認為，家長不應該對孩子的浪費視若無睹，而是要讓孩子學會尊重他人的勞動成果。

一、讓孩子學會尊重他人的勞動成果

社區裡的清潔阿姨，每天早晚都會把樓梯間和電梯打掃得乾乾淨淨，可是阿姨們的勞動成果卻得不到珍惜。

有一天早晨，我剛進地下停車場就被嚇了一大跳，因為我看到停車場的電梯門口堆滿了垃圾，而且，這些垃圾並沒有包裝好，而是散落得到處都是，還散發著難聞的異味。我想，清潔阿姨看到這幅場景後一定非常無奈吧！

不只停車場如此，社區的兒童遊樂區也經常一片狼藉。很多孩子吃了水果和零食以後都會隨手將果皮和包裝袋丟在沙坑裡，阿姨打掃起來難度非常大。

以上列舉的種種現象都是對他人勞動成果的不尊重。清潔阿姨打掃得乾乾淨淨的社區，有的人卻能夠心安理得地扔垃圾。這雖然不是大事，但卻可以反映出一個人的修養和素養，一個家庭的家風和一個孩子的教養和品德。

孩子亂扔垃圾，狹義來說是不愛護環境，廣義而言就是不尊重他人的勞動，浪費公共資源。家長應該教導孩子，在生活中加強節約、珍惜勞動成果的意識。

二、在生活中加強節儉意識

父母們可以用以下幾種方法，在日常生活中向孩子滲透節約意識。

➤理性對待孩子的物質需求

每個人都有物質需求，並且這些需求會隨著年齡的增長而發生變化。父母要理性看待孩子的物質需求，凡是適當的、合理的、符合家庭經濟條件的物質需求都可以予以適當的滿足。

但是，父母不要讓孩子的生活水準超過同齡、同階層的孩子太多，以免孩子養成虛榮、愛攀比的習慣。

➤從身邊的小事做起，養成節約的習慣

節儉的美德要從身邊的小事養成，家長培養孩子節儉的習慣也要從生活中的小事做起。比如，提醒孩子洗完手要隨手關好水龍頭，睡前要關燈，人走燈熄，不要有剩飯等。

家長帶孩子購物時，也不要隨便答應孩子的不合理要求，應該給孩子講道理，勸說孩子做出更合理的購物決策。

讓孩子正確認識金錢

有的孩子浪費是因為他們對金錢沒有概念，不知道錢的價值和購買力。所以，家長要讓孩子正確認識金錢，告訴孩子錢的價值和購買力，以及爸爸媽媽賺錢的辛苦等。只有認識了金錢，才能體會到金錢來之不易。

父母還可以培養孩子的儲蓄意識，讓孩子把平時領到的紅包、壓歲錢存起來，並給孩子定一個儲蓄目標。比如，以後可以用這些錢買自己喜歡的學習用品。

父母們要意識到，節儉不等於守財，該花的錢還是要花，要讓孩子學會合理地花錢；節儉也不等於吝嗇，節儉和大方並不衝突，孩子要節約資源、節約金錢，以減少浪費，但是也要懂得在必要的時候慷慨解囊，比如參與慈善和公益事業。

總而言之，節儉是孩子的生存必修課，也是一個家庭必備的優良家風。

知恥：有涵養良知，能明辨是非

羞恥和道德是緊密相連的，羞恥感是道德的底線。如果一個人失去了羞恥感，那麼他在做任何壞事的時候都不會感到良心不安，良知對他來說也不復存在了。

孔子說「知恥近乎勇」，只有當一個人有了羞恥心，他在心中才會產生良知，進而願意不斷反省自己、完善自己，使自己的道德更加完善。

具體來說，知恥的意思是：一個人因為自己沒能達到更高的道德水準而感到羞恥。所以，一個知恥的人是有底線、有原則、有道德理想的人。

一、每個「熊孩子」背後都有一個「熊家長」

我曾經看過這樣一則新聞：因為外牆施工人員的電鑽聲音太大，正在8樓家裡看電視的小男孩一氣之下剪斷了綁在施工人員身上的安全繩，導致施工人員吊在半空無法動彈，經消防緊急救援，才把施工人員安全救下。

面對警察的調查，孩子說：「當時我在看卡通，外面電鑽的聲音實在是太吵了，我就用剪刀把繩子剪斷了。」更讓人氣憤的是，事後在談到賠償時，孩子的媽媽只賠償了一條安全繩。

看完這則新聞後，我為這個孩子的未來感到擔心。每個「熊孩子」背後必然有個「熊父母」。他們的「熊」行為，都是父母放任的後果。

同樣的事情層出不窮。我在網路上就曾看到有位母親發文，表示在餐廳吃飯時，因為兒子稍微調皮了一點，就被鄰桌的人扇了一耳光，這令她非常氣憤。

原來，事情的真相是：這位母親帶孩子去餐廳吃飯，她兒子喜歡到處跑跑看看，還有幾次騷擾到了鄰桌的用餐，後來，孩子竟然伸手去抓鄰桌桌上的菜，被對方把手甩開後，孩子動手打了這桌的人，結果被打回來了。

這個母親憤怒的點就是孩子還小，犯點錯誤很正常，對方一個成年人怎麼能和小孩一般見識呢？但我想反問這位母親：孩子還小沒錯，但是父母也還小嗎？在公共場合，父母不能約束一下自己的孩子嗎？

別讓年齡小成為孩子胡鬧的理由。孩子總有長大的一天，今天我們以「年紀小」為藉口原諒他，明天他就會做出更荒唐的事情。當他進入社會，再做出一些「熊」行為的時候，就沒有人會包容他了。

成人的世界沒有兒戲，社會上沒有溫室。請父母們記住：你可以原諒你的孩子，但外面的世界不會輕易原諒他。因此，加強德育教育，讓孩子明辨是非，是父母們必做的一項工作。

二、加強道德教育，讓孩子明辨是非

如果一個人沒有是非觀念，那麼他肯定不會知恥，也不會追求更高的道德水準，甚至會漠視法律，走上犯罪的道路。

因此，明辨善惡是非對孩子來說是非常重要的，父母必須加強教育和培養。人的是非觀不是天生的，而是從小開始培養的。

下面為大家介紹幾種培養孩子是非觀的方法。

▼父母以身作則

父母是孩子的第一任老師，孩子會以父母的態度和言行作為判斷是非對錯的標準。可以說，父母的道德觀會對孩子產生很大的影響。如果孩了的是非觀不正確、不健全，父母一定要及時干預。

最重要的是，父母要以身作則，為孩子樹立好榜樣。

為孩子樹立正確的道德評判標準

孩子就像一張白紙，父母是想在這張紙上留下一幅美麗的圖畫，還是一幅醜陋的塗鴉呢？我想父母們的選擇一定是前者。所以，父母一定要從小為孩子灌輸正確的思想觀念和道德標準，從小教育孩子，讓孩子成為有理想、有道德、有素養的小公民。

父母絕對不能因為怕孩子吃虧而教孩子走捷徑、鑽漏洞，一旦孩子習慣了走捷徑，後期就很難再改過來了。

加強對孩子的正面引導

孩子的認知程度有限，父母一定要耐心地進行正面引導，不要因為急躁而經常打罵孩子。父母應該仔細地為孩子分析一件事的是與非，並引導孩子自己判斷。

透過分析生活中的案例事件，孩子會對是非對錯有更加直觀的認知。所以，家長要經常和孩子討論相關問題，聽聽孩子的看法，然後再把正確的是非觀告訴孩子。

▼提升孩子的認知和辨別是非的能力

要想提升孩子辨別是非的能力，父母要先提高孩子的認知能力，豐富他們的德育知識，讓他們了解一些道德高尚的人和事。

比如父母可以告訴孩子哪些行為是對別人有益的，哪些行為是對別人有危害的；什麼樣的舉動會得到社會大眾的支持，什麼樣的舉動會遭到社會大眾的反對；哪些行為是善意的，哪些行為是惡意的。

父母還可以透過寓言或童話故事來教孩子辨別謊言和欺騙，幫孩子分析，教他們判斷是非善惡。父母還要引導孩子在現實生活中進行實踐，加深他們對逍德和是非的理解。

▼適當懲罰孩子

當孩子不聽勸阻，一意孤行時，我們首先要和孩子講講道理。

如果道理講不通，就應該給予警告。當警告也沒用時，我們就應該採取適當的懲罰措施了。比如取消零食，取消玩玩具時間，取消看電視時間等。

學會明辨是非對孩子來說非常重要，這關係到孩子以後的為人處世、人際交往，為了讓孩子以後少走冤枉路，家長應該教會孩子明辨是非，做一個有道德底線的人。

Part 2 傳承有妙方，家風教育五部曲

第4章 學家風：千古名門家訓裡的教育真諦

歷史上有許多綿延數百年不衰而且英才輩出的家族。這些家族無不有著清正、嚴謹的家風家訓。直到今天，這些家族的家風家訓仍然能帶給我們重要的啟示。讓我們從榜樣曾家、百年梁家、合肥張家、吳越錢家、望族陳家、洛河康家的故事中，感受傳統家風的魅力吧！

榜樣曾家：八代無一敗家子

在風雲變幻的晚清時代，有一位叱吒風雲、力挽狂瀾的人物——曾國藩。他出身於一個普通的農民家庭，但卻憑藉自身的能力成了彪炳史冊的「晚清中興第一名臣」。梁啟超曾這樣評價他：

「曾文正者，豈唯近代，蓋有史以來不一二睹之大人也已；豈唯中國，抑全世界不一二睹之大人也已。」

曾國藩不僅在政治、軍事、經濟等領域有突出成就，他的個人修養和家風家教都為世人所稱道。他的一千五百多封家書被彙編成《曾文正公家書》，成為家教、家風的典範。

從曾國藩開始，曾氏家族至今已經綿延近兩百年，歷經八代，而在這麼多代子孫中不但沒有出現一個敗家子，而且大多數曾家後人都接受過高等教育，並活躍在社會各界。在曾家後代中，取得矚目成就、擁有名望的人也不在少數。

比如，曾國藩長子曾紀澤繼承了父親的衣缽走上政壇，是中國近代著名的外交家，他曾在外交談判桌上一次次地維護了國家利益。曾國藩的次子曾紀鴻則醉心學問，他曾將圓周率推算到小數點後一百位。曾國藩的直系後代中，出現了外交家曾廣銓、著名詩人曾廣鈞、著名教育家曾寶蓀等知名人士。

曾氏家族家風優良，整個家族人才輩出，曾國藩的非直系後代中也有不少有名望的人。比如，著名化學家曾昭掄、著名考古學家曾昭燏、著名革命家曾憲植、著名畫家曾厚熙等。有人曾統計過，在科舉制度廢除之前，曾氏家族在七十年間共出現了秀才、舉人、進士、翰林共二十餘人。實行新式教育制度後，曾家子孫大部分都考上了國內大學或留學海外。

《戰國策》有云「君子之澤，五世而斬」，意思是一個人成就的事業和品行經過幾代人就不復存在了，可曾氏家族卻打破了這個「規律」，做到了歷經八代不衰，這與曾家的家風、家訓是分不開的。嚴謹的家風成就了曾氏家族的大家風範，而曾氏家風的形成還要從曾國藩的家書說起。

曾國藩一生寫過一千五百多封家書，字裡行間記錄的是他深刻的人生體悟，以及對兒女和家人的諄諄教誨和殷殷叮囑。我們可以從曾國藩的家書中提煉出最核心的三大家風：讀書明理、勤儉持家、孝順友愛。這三大家風對當代的家庭來說也是十分適用的。我相信，父母只要能把這三大家風踐行和傳承下去，就一定能教育出優秀的孩子。

一、讀書明禮，進德修業

在曾氏家風中，讀書是最首要的一條，曾國藩曾在他的家書中寫道：

吾輩讀書只有兩事：一者進德之事，講求乎誠正修齊之道，以圖無忝所生；一者修業之事，操習乎記誦詞章之術，以圖自衛其身。

……

吾不望代代得富貴，但願代代有秀才。秀才者，讀書之種子也。

人之氣質，由於天生，本難改變，唯讀書可以變其氣質，古之精於相法者，並言讀書可以變換骨相。

曾國藩告誡子女要把讀書當成頭等大事，他認為讀書有兩大作用。一是「進德」，即提升自身的道德修養，二是「修業」，就是建立自己的事業。此外，他還認為讀書可以改變一個人的氣質，讓人脫胎換骨。

曾國藩不僅把讀書作為家風，還親自教導子女們讀書的方法。

曾國藩要求孩子讀四書五經、《昭明文選》等經典，而且還要大聲誦讀出來。曾國藩認為經典中蘊含的思想和智慧是經過了時間檢驗的，最值得後人反覆學習。

曾國藩在給長子的信中寫道：「一書不盡，不讀新書……凡讀書，不必苦求強記。只須從容涵泳，今日看幾篇，明日看幾篇，久久自然有益。」在他的眼中，讀書並不是完成任務，不應該死記硬背，只有沉下心來認真讀完一本書，才能真正有所收穫。曾國藩還要求子女在讀書時要「略作札記，以志所得，以著所疑」，就是要把讀書時的體會和疑惑都隨手記下來，以幫助後續的思考和學習。

長子曾紀澤不喜歡科舉和八股文，喜歡西方的語言學和社會學，於是曾國藩便鼓勵他讀自己感興趣的書。除了精神上的鼓勵，曾國藩還在行動上支持兒子的興趣，雖然他對西學並不太了解，但他為了兒子專門去閱讀了很多相關書籍。後來，曾紀澤寫了《西學述略序說》和《幾何原本序》，曾國藩親自批閱後幫助兒子刻版發行了這兩本書。

次子曾紀鴻，也在曾國藩的鼓勵下培養出了數學研究的興趣，曾紀鴻的妻子郭筠也喜歡讀書，曾國藩得知後不僅沒有反對兒媳讀書，反而十分支持，並引導郭筠通讀了《十三經註疏》和《資治通鑑》，讓自己的兒媳也成為當時有名的才女，這在重男輕女的封建時代是難能可貴的。

只有讀書，才能成為明禮君子，才能進德修業，從曾國藩這裡流傳下來的讀書家風一直在曾氏家族中傳承，在這世代書香的薰陶下，曾氏子孫養成了勤勉上進的習慣，沒有出過一個敗家子。

二、能勤能儉，永不貧賤

勤與儉，也是曾氏家族的重要家風，在曾國藩看來，勤儉是家族延續下去的關鍵，他在家書中寫道：家儉則興，人勤則健，能勤能儉，永不貧賤！

這十六個字是他對孩子們的要求，他認為世家子弟若要成器，就必須戒除奢侈的習氣，在生活上要崇尚簡樸。因此，曾國藩對孩子們的物質生活管束十分嚴格，每個月給孩子的零用錢也十分有限。他規定家中的日常用品「但求結實，不求華貴」，文房四寶「但求為寒士所能備者，不求珍異也」。

在日常的衣食住行方面，他主張「夜晚不用葷菜，以肉湯燉蔬菜一二種」、「後輩則夜飯不葷，專食蔬菜而不用肉湯」、「衣服不可多制，尤不宜大鑲大緣，過於絢爛」。婚喪嫁娶之事也要「一切皆從儉約」。

曾國藩的小女兒曾紀芬在一本年譜中記載了這樣一件事：十幾歲時，曾紀芬跟隨母親來到兩江總督府（曾國藩時任兩江總督），為了讓初入總督府的自己顯得光鮮體面一些，曾紀芬穿了一件藍色小裌襖和一條綴青邊的黃綢褲。父親曾國藩看到她的裝扮後，認為褲子上的青色花邊太過繁複和華貴了，認為她不應該穿這樣的褲子。於是，曾紀芬立刻回房換了一條沒有花邊的褲子。

曾國藩希望兒女能夠像普通的貧寒子弟一樣生活，不要被奢侈的生活腐蝕而養成懶惰的習慣。為了讓子女們養成勤勞的品格，曾國藩要求子女們每天黎明就起床，家裡的男孩子每天除了讀書以外，還要參與打掃環境、餵魚、養豬、種菜等體力勞動，女孩子每天則要做針線活，還要下廚做一些小菜。

曾國藩治家嚴謹，他把「勤」、「儉」的家風落實到了日常生活中，讓孩子們在無形中養成了良好的生活習慣和作風。

三、孝友之家，綿延十代

曾國藩曾在家書中提到：

「吾細思天下官宦之家，多只一代享用便盡，其子孫始而驕佚，繼而流蕩，終而溝壑，能慶延一二代者鮮矣。商賈之家，勤儉者能延三四代；耕讀之家，能延五六代；孝友之家，則可以綿延十代八代。」

孝友之家，方可綿延不衰，曾氏家族的興旺與「孝友」二字息息相關。那麼，什麼是「孝友」呢？孝，對父母長輩孝順恭敬；友，就是對平輩友愛親和，這兩個字是家人之間的相處之道，也是維護家庭和諧幸福的祕訣。曾國藩注重家庭的溫情，他要求家人之間不可說「利害話」，也就是不能對家人說傷感情的話，要與家人和睦相處，用寬恕包容的心態來面對家人。

曾國藩不僅用「孝友」來要求子女，他自己也是這樣做的。曾國藩的九弟因為和家人鬧彆扭，每次吃飯都把飯菜端到自己的房間裡，不願意與家人同桌吃飯。曾國藩得知後，並沒有責怪九弟，而是把自己的飯菜也端過去與他同吃。對於兄長的寬容，曾國藩的九弟感到十分不好意思，便主動向兄長和家人們道歉。

曾國藩要求家人做到的事，他自己同樣能做到，這種嚴於律己、言傳身教的作風讓他的家人和後代子孫深受影響，曾氏家風也因此而傳承了下來。從曾國藩的教育理念和曾氏家風中，我們可以探尋到一個家族長盛不衰的祕訣，也可以獲得一些關於家庭教育的啟迪。

百年梁家：一家三院士，滿門皆才俊

天下的父母都盼望自己的子女成才，「滿門皆才俊」是每個父母長輩的期望，但是真正做到的家族卻是鳳毛麟角，梁氏家族就是其中之一。說起梁氏家族，就不得不提到一個人，這個人就是著名的革命家、思想家、史學家、教育家梁啟超，他和他的兒女們共同譜寫了「一家三院士，滿門皆才俊」的傳奇。

梁啟超出生於十九世紀末，成長於中國近代歷史上動盪的年代，在那個新舊交替、西學東漸的時代，他成了革命的先行者。梁啟超一生為「救國救民」而努力，他曾參與並領導了晚清戊戌變法，在中國歷史上留下了濃墨重彩的一筆。「中國之變，中國之強」一直是梁啟超心中夙願，但遺憾的是，在他有生之年這個願望並沒有實現。

成長於封建中國的梁啟超深知國家的強大離不開人才，而且革命事業也必須後繼有人，因此他積極投身於社會教育事業，把為國家培養人才當成自己的使命和職責。

梁啟超是一位成功的教育家，更是一位成功的父親，他的九個兒女幾乎都在各自的領域有所建樹，都是當之無愧的棟梁才俊。

梁啟超有五個兒子、四個女兒，長子梁思成是著名的建築學家，次子梁思永是著名的考古學家；第三個兒子梁思忠因病早逝；第四個兒子梁思達長期從事經濟學方面的研究；最小的兒子梁思禮是著名的火箭控制系統專家。

梁啟超的兒子們個個有出息，女兒們也毫不遜色，長女梁思順是著名的詩詞學家；次女梁思莊是圖書館學家；第三個女兒梁思懿與小女兒梁思寧則積極投身社會運動。

梁氏家族英才輩出，離不開梁啟超嘔心瀝血的教育和培養，更離不開梁氏家族獨特的家風。

一、新舊相容、中西融會的梁氏家風

若要探討梁氏家族的家風和家訓，我們就要從梁啟超本人說起。在梁啟超的早期教育中，祖父、父親和母親三人造成了至關重要的作用，是他們培養和教育了梁啟超，並奠定了梁氏家風的基石。

為梁氏家風奠定第一塊基石的是梁啟超的祖父梁維清，祖父一邊種地，一邊讀書，並考取了秀才，讓梁家成為受人尊敬的「耕讀之家」。梁啟超四、五歲時，便由祖父啟蒙，通讀《論語》、《大學》、《中庸》、《孟子》和《詩經》，為日後的學習奠定了堅實的基礎。

梁啟超的母親是一位慈母，更是一位嚴母，她對兒子的品德教育十分重視。梁啟超六歲時，因為某個原因說了謊話，一向慈祥溫柔的母親板起面孔，讓他跪在地上，用力鞭打了他十幾下，同時警告他說謊成性的人將來只能做乞丐和盜賊。母親的舉動讓梁啟超記憶深刻，直到長大成人後，他依然記得這件小事，並時刻注意自己的一言一行。

梁啟超的父親梁寶瑛一生沒有考取過任何功名，但是他卻在家鄉的私塾中教書育人，深得鄉民的尊敬和愛戴。梁啟超和他的兄弟們都曾在父親教書的私塾中上過學，父親不僅教導梁啟超學業，還教他許多立身處世的道理。在梁啟超眼中，父親是一個不苟言笑的人，他對兒子的教育總是十分嚴格，不僅要求梁啟超刻苦讀書，還要求他參與田間勞動，如果兒子的舉止違反了禮儀和家風家訓，父親一定會嚴厲地訓誡。

梁啟超的父親常對他說：「汝自視乃如常兒乎？」這句話的意思是：你只把自己看作一個平常的孩子嗎？梁啟超始終記得這句話，一生不敢忘記父親對自己的期望。

在父親、母親和祖父的教育中，梁啟超傳承並發揚了梁氏家風。在教育子女的過程中，梁啟超做到了相容並蓄，他的教育理念中不僅有祖父和父親教給他的「義理」和「名節」，也有科學、民主、平等、自由、尊重個性、公民責任等新思想。因此，梁啟超教育出的子女不僅有才幹，而且具有現代知識分子的品格和素養。

梁啟超將新舊思想、中西文化融合，做到了新舊相容、中西合璧，讓梁氏家風緊跟時代步伐，煥發出了新的光彩。

梁啟超的教育理念讓我們看到了傳統倫理與現代教育思想碰撞出的絢麗火花，也讓我們看到了傳統家風、家訓隨著時代發展不斷更新、演進的過程。優良家風不僅要繼承，更要發展，父母在教育孩子過程中也應該不斷地學習和吸收新知識、新觀念，讓自己的家風、家訓符合時代特徵，利於孩子身心健康。

二、成功父親梁啟超的「育兒經」

梁啟超是一位非常成功的父親，他的很多教育理念和教育方法放到今天依然很有借鑑意義，下面總結了梁啟超的幾條「育兒經」，希望能為各位父母帶來一些啟發和思考。

▼善於對孩子說愛，與孩子平等相處

和一般的嚴肅父親形象不同，梁啟超勇於向孩子表達自己的愛，他曾在信中對孩子們直白地表示：

「你們須知你爹爹是最富於情感的人，對於你們的愛，十二分熱烈……」

梁啟超的九個兒女各有個性，梁啟超對每個孩子一視同仁，讓他們都感覺到自己在父親心中是最特殊的那一個。梁啟超給自己大女兒梁思順的愛稱是「大寶貝」和「我最愛的孩子」，給三女兒梁思懿取了外號「司馬懿」，稱小兒子梁思禮為「老白鼻（老 baby 的諧音）」，從這些親暱的愛稱中，我們就能看出梁啟超對孩子的愛。

直到今天，很多父母都羞於對孩子表達愛，但一百多年前的梁啟超卻做到了。在社會上他是一位嚴肅的學者，在家裡他卻是一個「孩子迷」。梁啟超從不會在孩子們面前擺

架子，他更願意與孩子們平等相處。

父母對孩子的愛和尊重能帶給孩子自信和自尊，這份自尊和自信能讓孩子更好地與自己相處，與世界相處。

▼ 為孩子提供條件，不代替孩子做選擇

當孩子們遇到困難或面臨選擇時，梁啟超會提供建議，但絕不會代替孩子做選擇，也不會將自己的意願強加給孩子。

梁啟超希望自己的次女梁思莊選擇生物專業，但是梁思莊嘗試學習生物後，發現自己並不感興趣，於是梁啟超寫信給她：

「聽見妳二哥說妳不大喜歡學生物學，既已如此，為什麼不早跟我說。凡學問最好是因自己性之所近，往往事半功倍……不必泥定爹爹的話。」

當今社會，很多人都會討論一個問題：父母應不應該為孩子規劃好人生？有人認為父母有豐富的閱歷，能幫孩子避開一些阻礙；也有人認為，時代在發展，父母不應該用自己的舊觀點來看待孩子的人生，要讓孩子自己去闖。

對於這個問題，梁啟超也給出了自己的答案，他在培養子女時，會盡自己所能為孩子提供條件，但不會替孩子做選擇。所有的父母都應該明白，我們可以教育孩子、培養孩子，但是在孩子做決定時不要越俎代庖，甚至包辦一切。

父母能做的就是營造優良家風，為孩子的成長提供肥沃土壤，適度地引導和教育孩子，保證孩子不走歪路，然後讓孩子自己去探索人生、探索未來。

發現孩子的優勢

梁啟超經常告誡自己的子女，要認清自己的性格和能力，不要好高騖遠，只要充分發揮自己的優勢和能力就足夠了，他在給子女的信中寫道：

「要各人自審其性之所近何如，人人發揮其個性之特長，以靖獻於社會，人才經濟莫過於此。

我生平最服膺曾文正兩句話：『莫問收穫，但問耕耘。』將來成就如何，現在想他則甚？一面不可驕盈自滿，一面又不可怯弱自餒，盡自己能力做去，做到哪裡是哪裡，如此則可以無人而不自得，而於社會亦總有多少貢獻。」

梁啟超認為每個人的能力各異，沒有必要驕傲或氣餒，只要盡力去做就可以了。我認為，「莫問收穫，但問耕耘」這句話也應該送給今天的父母們。父母在要求孩子的同時，要看到孩子的優勢和缺點，肯定孩子的努力。除此以外，還要幫助孩子客觀了解自己的優勢，發揮自己的優勢。

▼ 多鼓勵，少批評

梁啟超次女梁思莊在加拿大讀書期間，有一次考試只考了全班第十六名，她非常沮喪。梁啟超得知後，立即寫信鼓勵她：

「莊莊：成績如此，我很滿足了。因為妳原是提高一年，和那按級遞升的洋孩子們競爭，能在三十七人中考到第十六，真虧妳了。好乖乖不必著急，只需用相當努力便好了。」

在梁啟超的鼓勵下，梁思莊努力用功學習，並一躍成為班上的前幾名。梁啟超非常高興，並在回信中再次鼓勵女兒：

「莊莊今年考試，縱使不及格，也不要緊，千萬別著急……妳們弟兄姐妹個個都能勤學向上，我對於妳們功課不責備，卻是因為趕課太過，鬧出病來，倒令我不放心了。」

有時候，父母的鼓勵能成為孩子前進的動力。我想，梁啟超的子女之所以個個優秀，與他的鼓勵式教育是分不開的，這種教育方法很值得今天的父母們借鑑。

看淡得失，順其自然

梁啟超在教育子女的過程中一直堅持一個原則，那就是「順其自然」，他認為人應該學會接受失敗和挫折，不要過於看重得失，要把挫折和失敗當成磨練自己的機會，讓自己在挫折中得到成長。

當大女兒梁思順遭遇失業的困境時，梁啟超寫信寬慰她：

「現在處這種困難境遇正是磨練身心最好機會，在妳全生涯中不容易碰著的，妳要感謝上帝玉成的厚意，在這個當口兒做到『不改其樂』的功夫才不愧為爹爹最心愛的孩子哩！」

梁啟超把挫折看成是人生的餽贈，孩子們在他的影響下也養成了笑對挫折的品格。

我們常常在很多社會新聞中看到孩子因為受不了挫折而做出無法挽回的事，讓父母痛不欲生。這樣的新聞讓人惋惜，也讓我們不得不正視對孩子的挫折教育。

事實上，孩子面對挫折和失敗的態度，完全取決於父母。只有父母做到面對挫折和失敗仍「不改其樂」，孩子才能有笑對失敗和挫折的從容態度。父母不僅要教育孩子銳意進取、獲得成功，也要接受孩子的失敗，擁抱孩子的缺點，只有這樣，孩子才能有好心性和大格局。

在梁氏家族的家風傳承過程中，梁啟超是一個承上啟下的人物，他相容並蓄的教育理念不僅培養出了優秀的子女，也讓一個家族在新時代煥發出新的光彩。

合肥張家：才華在細枝末節裡發酵

說到合肥張家，我們腦海中浮現出的是張氏四姐妹的優雅身影，從張家九如巷裡走出的四朵金花，是民國時期的一道靚麗風景，也是那個時代的閨秀典範。張氏姐妹的傳奇故事為我們留下了一段佳話，也令我們對張氏家風產生了無盡遐想。究竟是什麼樣的家庭教育，培養出了這風雅大方、才華橫溢的四姐妹？

一、詩書、崑曲裡的風雅種子

張氏姐妹的風雅和才情源於張家濃厚的讀書風氣，張家上下，從主人到親友、家僕都有讀書和學習的習慣，可以說張家是一個全員讀書、全員學習的大家庭。

張氏四姐妹的母親陸英鼓勵家中所有的保母讀書認字，張家準備了很多寫著常用字的小木塊，每天早上保母們為陸英梳頭時都可以藉助梳妝檯上的小木塊認字，日積月累，張家的保母們都學了不少字。

保母之間還會比試誰認識的字多，為了不輸給其他人，張家的孩子們紛紛為自己的保母上課，學習的風氣也因此日益濃厚。會認字讀書以後，保母們閒暇時也會在一起聊詩書或寫字。經過學習後，有些原本大字不識的保母甚至可以自己寫家書了，張家的讀書風氣可見一斑。

張家的父親張冀牖是一個嗜書如命的人，他愛讀書，也愛藏書，到蘇州後成了有名的藏書家，當時蘇州的大小書商幾乎都與張家打過交道，每次張冀牖到書店買書，書商們都會全程陪同。

張家從來不限制孩子們讀書，家中的任何書都可以隨意翻閱，張家還請了古文先生教孩子們學習古詩詞，張家姐妹很小的時候就能吟詩作對。除了接受古文與詩詞的薰陶，張家姐妹還在父母的影響下接觸到了風雅浪漫的崑曲藝術。父親張冀牖喜歡崑曲，而且對崑曲有一定研究，母親陸英也很喜歡這門藝術，夫婦倆經常帶孩子到蘇州的全浙會館聽戲。

出於對崑曲的喜愛，張家專門請了老師教四姐妹學習崑曲，後來四姐妹都深深愛上了這門藝術，其中大姐張元和與小妹張充和都與崑曲結下了不解之緣，張元和嫁給崑曲名伶顧傳玠，張充和在美國耶魯大學的藝術學院教授書法和崑曲。

詩文和崑曲為張家四姐妹種下了風雅的種子，也造就了她們與眾不同的優雅氣質。張氏家風中的風雅，伴隨了四姐妹一生，在她們長大成人、各奔東西後依然滋養著她們的心靈，豐富著她們的精神世界。

二、尊重天性，開明寬容

在教育孩子的過程中，父親張冀牖十分尊重孩子的天性，對待孩子的態度也始終開明寬容。父親的良苦用心展現在四姐妹的名字中，在為女兒取名時，父親並沒有世俗地採用一些女性化的字眼，而是別出心裁地用四個「帶兩條腿」的字當名字，因為他希望每個女兒都能有自己的「兩條腿」，在人生道路中發揮自己的才幹、走自己的路。

父親用心良苦的栽培，讓四姐妹都擁有了自己鮮明的個性，大姐元和文靜端莊，二姐允和淘氣機靈，三妹兆和忠厚內向，四妹充和則穩重規矩。四姐妹的童年時光是無憂無慮的，因為父母給了她們最大限度的自由，並為她們提供了良好的成長環境。

當時，相機、留聲機、家用放映機等對中國家庭來說是罕見而貴重的物品，父母們是不會讓孩子隨意使用的。但是，在張家，這些貴重物品並沒有被束之高閣，孩子們可以隨意使用，父親張冀牖和母親陸英還會親自指導孩子。張家父母的教育方式讓孩子們的生活增添了許多樂趣，為孩子的童年平添了許多幸福和快樂。

張冀牖和陸英開明的態度和對孩子天性的尊重，讓張家姐妹從小就對世界充滿了探索欲和求知欲，她們也因此把學習當成一件快樂的事。「上午讀書，下午唱戲」是張家姐妹兒時的生活常態，儘管學業十分繁忙，但她們並不覺得痛苦，反而能從學習中獲得快樂。

張家父母的教育理念和教育方法給了我們一個重要啟示，那就是父母要尊重孩子的天性，讓孩子快樂地學習和成長。當然，在尊重孩子天性的前提下教育好孩子並不是一件簡單的事，父母們也需要更多的修煉和成長。

三、教學相長、培養感情

和許多同時代的家庭不同，張家的家庭氛圍是輕鬆而溫馨的，父母與子女之間、兄弟姐妹之間的關係都非常融洽。

在張二小姐張允和的印象中，父親很喜歡為她們姐妹篦頭，但好動愛玩的姐妹們卻沒有篦頭的耐心，每次父親為她們篦頭時，她們都會一邊用梳子戳父親，一邊抱怨：「煩死了，煩死了，老要篦頭。」而父親也不生氣，總是邊為女兒梳頭，邊講一些在書裡看到的故事，而姐妹們也會很快沉浸在父親的故事裡，等故事講完了，頭髮也篦完了。

在張家女兒們成長的過程中，有很多類似的互動。張冀牖身為一家之長，平常的事務非常繁忙，但他卻願意擠出時間參與孩子們的生活日常，陪伴孩子們成長。父親的陪伴和關懷，為張家的家庭生活增添了一抹濃厚的溫情。

張家的孩子們之間也有著非常深厚的感情，因為母親陸英十分重視孩子們之間的感情培養。在孩子們小的時候，陸英讓二姐允和擔任四妹充和的老師、大姐元和教導大弟宗和、三妹兆和教導二弟寅和，這種互助的相處模式，讓孩子們得到了教學相長、培養感情的良機。

愛和陪伴是孩子成長最好的營養品，溫馨和睦的家庭是孩子最溫暖的搖籃，對孩子的性格形成有至關重要的作用。與父母和兄弟姐妹的深厚感情，是張家四姐妹的寶貴精神財富。

如今，張家四姐妹已相繼離世，她們的奪目風采已成為記憶，但是她們身上透露出的家風和家教，依然值得我們細細品味。

吳越錢家：「星」光燦爛，人才「叢」生

一千多年前，唐宋交接之際，天下紛爭、群雄並起，形成了一個叫做五代十國的亂世。那是中國歷史上混亂的時代之一，在戰火的荼毒下，北方各地田園荒蕪、民不聊生。但是，位於南方江浙一代的吳越國卻是一片太平安樂的景象。吳越國的富庶與和

平，得益於英明的君主——錢鏐。

吳越王錢鏐不僅留下了為人稱道的政績，還留下了傳頌千古的《錢氏家訓》。吳越錢氏的興盛源自吳越王錢鏐，至今已有一千多年的歷史，這個家族的人才之盛、傳續之久都令世人驚嘆。錢三強、錢學森、錢穆、錢鍾書等著名科學家、文學家都來自錢氏家族。杭州錢鏐研究會祕書長錢剛在評價錢氏家族時曾說：

「錢氏家族非常崇尚教育，別看我們雖然姓錢，但是卻出了很多的文學家和科學家。中國有錢氏人口兩百四十六萬，占全部人口千分之零點二二，可出的各類人才卻大大高於別的姓。」

「英才輩出」已經不足以形容錢氏家族人才鼎盛的景象了，據統計，錢氏家族目前有一百多支，僅無錫錢氏一支就出現了十位院士。在整個錢氏家族中，當代科學界、文化界的學者和名流達一百多位，遍布幾十個國家。如果把歷史上所有的錢氏名人都統計一遍，那這個名單一定會很長。

比如，北宋時期有大才子錢昆、錢易，元朝有畫家錢選，明朝有禮部尚書兼東閣大學士錢士開，明末清初有大文學家錢謙益，清代有「吳中七子」之一的錢大昕。

自近代以來，錢氏家族更是人才濟濟，可以稱得上是群星燦爛。比如科學家錢學森、錢偉長、錢三強，國學家錢基博，文學家錢鍾書，史學家錢穆，著名學者以及新文化運動倡導者錢玄同，空氣動力學專家錢學榘，神經生物學家錢永佑，諾貝爾化學獎得主錢永健等等。

以上列舉的名單只是錢氏家族人才的一小部分，如果我們對這些錢氏名人之間的關係稍加了解，就不難看出錢氏家族的人才經常連續、成批地出現，可以說是「父子、兄弟、叔姪相續不絕」。

一、傳頌千古的《錢氏家訓》

為什麼錢氏家族能湧現出如此多的人才呢?有人說是因為錢氏家族擁有優越的基因，這個說法當然是沒有任何依據的。如果一定要為這個現象找出一點依據的話，我認為《錢氏家訓》才是錢氏家族人才「叢」生的重要原因。

《錢氏家訓》是吳越王錢鏐留給錢氏子孫最寶貴的精神遺產，它奠定了錢氏家族的良好家風基礎，也滋養了世世代代錢氏子孫的心靈，為錢氏子孫的成人成才指引了方向，成為錢家人才輩出的不竭動力。

《錢氏家訓》共分為個人、家庭、社會、國家四大部分，它無論是對錢氏子孫的立身處世，還是持家治國，都做出了全面的規範和教誨，是錢氏後人最重要的行為準則。全文如下：

個人：心術不可得罪於天地，言行皆當無愧於聖賢。曾子之三省勿忘。程子之四箴宜佩。持躬不可不謹嚴。臨財不可不廉介。處事不可不決斷。存心不可不寬厚。盡前行者地步窄，向後看者眼界寬。花繁柳密處撥得開，方見手段。風狂雨驟時立得定，才是腳跟。能改過則天地不怒，能安分則鬼神無權。讀經傳則根柢深，看史鑑則議論偉。能文章則稱述多，蓄道德則福報厚。

家庭：欲造優美之家庭，須立良好之規則。內外門閭整潔，尊卑次序謹嚴。父母伯叔孝敬歡愉。妯娌弟兄和睦友愛。祖宗雖遠，祭祀宜誠。子孫雖愚，詩書須讀。娶媳求淑女，勿計妝奩。嫁女擇佳婿，勿慕富貴。家富提攜宗族，置義塾與公田，歲饑賑濟親朋，籌仁漿與義粟。

勤儉為本，自必豐亨，忠厚傳家，乃能長久。

社會：信交朋友，惠普鄉鄰。恤寡矜孤，敬老懷幼。救災周急，排難解紛。修橋路以利人行，造河船以濟眾渡。興啟蒙之義塾，設積穀之社倉。私見盡要剷除，公益概行提倡。不見利而起謀，不見才而生嫉。小人固當遠，斷不可顯為仇敵。君子固當親，亦不可曲為附和。

國家：執法如山，守身如玉，愛民如子，去蠹如仇。嚴以馭役，寬以恤民。官肯著意一分，民受十分之惠。上能吃苦一點，民沾萬點之恩。利在一身勿謀也，利在天下者必謀之；利在一時固謀也，利在萬世者更謀之。大智興邦，不過集眾思；大愚誤國，只為好自用。聰明睿智，守之以愚；功被天下，守之以讓；勇力振世，守之以怯；富有四海，守之以謙。廟堂之上，以養正氣為先。海宇之內，以養元氣為本。務本節用則國富；進賢使能則國強；興學育才則國盛；交鄰有道則國安。

錢鏐認為，做人以立品為先，有才無德的人，是極其危險的。

另外，他還提倡「子孫雖愚，詩書須讀」，所以，崇文倡教、讀書明理，是錢氏家族的重要家風。至今，錢氏家族的不少人仍然還記得，家族早先有個規矩，每有新生兒誕生，全族人就要在一起恭讀家訓，慶祝的同時，給予期待和要求，以昭鄭重。

錢氏家族的人才輩出、綿延不絕，讓我們更深刻地理解了「人品出於家教，德行成於家風」的含義，家風是融化在血液中的氣質，是沉澱在骨髓裡的品格，是讀書立世的準則。

二、家國情懷、赤子之心

每當我們談到錢氏家族，就不能不提一個人，那就是科學家錢學森。回顧錢學森的一生，我們會發現，他也是《錢氏家訓》的忠誠信仰者和踐行者。

《錢氏家訓》中的「利在一身勿謀也，利在天下者必謀之」就是錢學森的人生寫照。錢學森是一個充滿家國情懷的人，他始終對自己的國家和事業懷有一份赤子之心。

錢學森對自己的事業始終懷有無限熱忱，他把自己有限的時間、精力和金錢都投入科學研究與教育中。一九五七年，錢學森因發表《工程控制論》而獲得中國科學院自然科學獎一等獎，還拿到一筆獎金，這筆獎金在當時不是一筆小數目。但是，錢學森並沒有把這筆錢用在自己身上，而是把它捐給了學校，用於購買教學用品。

一九六一年，錢學森在上「火箭技術概論」這門課時，要求學生們每人準備一把計算尺，當時一把計算尺的價格相當於一個普通大學生一個月的伙食費，很多家庭貧困的學生都無力購買計算尺。錢學森得知情況後，立即讓學校從自己的捐款中拿出一筆錢來為每個學生買了一把計算尺。

錢學森的夫人蔣英與他志趣相投，同樣是一位熱愛自己事業的學者，對金錢和名利也並不看重。蔣英是聲樂界的知名教授，很多人上門向她求教，但無論在家裡還是在學校，蔣英從來不收取任何學生一分錢。對於蔣英的舉動，錢學森也給予了高度評價，他說：「老師教學生，天經地義。」

如今，錢學森的一雙兒女都已經成了白髮蒼蒼的老人，但他們對於父母的故事仍然記憶猶新。錢學森夫婦從未教過孩子如何讀書，也對孩子的成績沒有過多要求，但他們用自己的行動告訴了孩子們，自己對事業、對學問、對名利的態度。

錢學森夫婦將錢氏家風和家訓銘記在心，用高尚的品格、勤奮的作風和寬廣的胸懷，無聲地影響著孩子們的成長，灌溉著孩子們的心田。

望族陳家：一門五傑，人文淵源好傳統

歷史上有許多名門望族、顯第世家，但是能做到一門三代四人都被列於《辭海》的家族卻只有義寧陳氏。被列於《辭海》上的陳氏俊傑有：晚清維新名臣陳寶箴、近代同光體詩代表人物陳三立、畫家陳衡恪、史學大師陳寅恪，他們四人再加上「中國植物園之父」陳封懷，並稱「陳門五傑」。

「陳門五傑」是一脈相承的祖孫四代人，他們身上都流淌著義寧陳氏的品格，傳承著義寧陳氏的家風。國學大師吳宓認為，義寧陳氏是「中國近世模範人家……父子秉清純之門風，學問識解，唯取其上，所謂文化貴族」。

陳氏家族之所以能譜寫「一門五傑、四代菁英」的輝煌，只因為這個家族具有獨特的人文傳統和清純家風。

一、於細微處見家風

關於陳氏家族的家風，陳寅恪先生的弟子周一良教授有著深刻的感觸，在他的回憶

中，提到過這樣一件事：有一次陳寅恪家中有客人到訪，陳寅恪的父親陳三立出面待客，與客人對坐聊天。當時，已經人到中年而且是知名教授的陳寅恪並沒有一同坐下，而是一直站著陪在父親身側。

於細微處見家風，從陳寅恪的舉動中，我們可以看出一個人自幼所受的薰陶會逐漸內化，並在舉手投足間自然流露出來。雖然陳寅恪曾留學海外多年，吸收了許多西方的新觀念和新思想，但他依然恪守著優秀傳統，陳氏家風已經深深烙印在他的身上。

從很多細節中，我們都可以看到家風、家訓和傳統文化對陳寅恪先生的影響。比如，陳寅恪先生在清華大學擔任教授以後，很快就成了陳氏大家庭的棟梁，當時陳家家道中落，陳寅恪不僅要贍養老父，還要幫扶弟妹，在傳統文化中的孝悌觀念和陳氏家風的影響下，他自覺承擔起了身為兒子和兄長的責任。

直到一九四九年，陳寅恪先生每個月領到薪水後的第一件事，就是讓女兒先寄生活費給南京的「康姑」（陳寅恪的大妹妹）。陳寅恪對親人關愛、照顧，對學生和朋友也真誠相交。無論是在學術研究方面，還是在立身處世方面，陳寅恪都堪稱楷模，有人說他是中國傳統君子和現代知識分子的完美結合。

家庭在一個人身上留下的烙印是無法磨滅的，陳寅恪身上的優秀品格源於義寧陳氏的優良家風，那麼，陳氏家風的獨特之處又在哪裡呢？

二、獨立之精神，自由之思想

如果我們將陳氏家風略做歸納，就可以發現，以下三點內容就是造就陳氏家族「一門五傑」的核心關鍵。

▼耕讀、忠孝傳家

耕讀與忠孝，是中國很多世家的傳統家風，陳氏家族也不例外。在陳寅恪的祖父陳寶箴之前，陳氏家族一直以耕讀傳家，自陳寶箴之後，讀書做學問的氛圍就更濃厚了，「陳門五傑」正是在這樣的讀書氛圍中湧現出來的。

忠孝也是陳氏家族的傳統，陳寶箴和他的兒子陳三立都做到了孝父母、忠國家。到了陳寅恪這代，清王朝已被推翻，已經不存在朝廷和君主，但是在抗日戰爭期間，陳寅恪所展現出來的民族氣節也是忠義的表現。

貫穿在陳氏家族幾代人之間的家國情懷，讓他們充滿了責任感和使命感，無數陳氏子孫把「經世致用」作為自己的準則，為理想、為國家而奮鬥。

中體西用、不忘傳統

陳寅恪祖孫三代所處的時代，恰好是近代中國較動盪的時代，中國在西方列強的堅船利炮之下風雨飄搖。在這樣的背景下，中國傳統思想和西方思想發生著激烈的碰撞。有的人頑固排外，有的人全盤接受西方文化，但也有一些人主張「中體西用」，即「以中國倫常經史之學為原本，以西方科技之術為應用」，陳寅恪祖孫就是「中體西用」派的堅決擁護者。

陳寶箴支持維新變法，是維新派的實權人物，陳三立在晚清時代襄助父親推行新政，進入民國後又推行新式教育，陳寅恪學貫中西，推動了中國史學的現代化。從陳氏祖孫三人身上，我們可以清楚地看到西方文化與傳統文化碰撞的痕跡。

傳統文化的涵養是不可中斷的，但卻可以隨著時代的變化不斷更新和發展，陳氏家風在百年的傳承中也幾經變化，但依然保留其精神核心。

▼堅守品格與情操

陳寅恪曾在《對科學院的答覆》中寫道：「對於獨立精神、自由思想，我認為是最重要的，所以我說『唯此獨立之精神，自由之思想，歷千萬祀，與天壤而同久，共三光而永光』」。

我認為「獨立之精神，自由之思想」準確地展現了陳寅恪先生身為一名知識分子的品格和情操，要做到這一點，是難能可貴的。

我們也可以從陳氏家風中找到獨立精神和自由思想的影子。比如，陳寶箴甘冒政治風險支持維新變法，但又能保持獨立不被潮流裹挾，他與康有為因為政見不同而分道揚鑣後，仍然能保持公心，並願意維護和保全對方。陳三立就更不用說了，民國以後他就絕意仕宦，寄情於詩文了。

以上三點對於今天的家庭教育依然有很大的借鑑意義，「獨立之精神，自由之思想」依然可以作為我們做學問、做人、做事的重要原則。

洛河康家：積善之家，必有餘慶

在洛水湯湯之處，邙嶺半坡之間，有一座青磚灰瓦、傳承百年的莊園，這座莊園被稱為中原古建築典範。建造起這座莊園的家族姓康，被稱為洛河康家。

康氏家族以耕讀、經商傳家，曾歷經明、清兩朝，四百多年的累積令康氏家族成為當之無愧的中原鉅富。清末年間，康氏家族第十七代領袖康鴻猷向清政府捐銀一百萬兩，因此被人們稱為「康百萬」。此後，「康百萬」就成了康氏家族的代稱，康氏莊園也被稱為康百萬莊園。

「康百萬」這個稱號不僅彰顯了洛河康家的豪富，更展現了康氏家族誠信經商、修身齊家、積德行善的優良家風。古語有云「積善之家，必有餘慶」，康氏家族之所以能夠累積如此多的財富，並代代傳承下來，就是因為他們的家風和家訓中十分強調德行，康家子孫無論是經商還是為官，都恪守道德底線，康氏家族也因此成為豫商中的翹楚。

康百萬莊園見證了洛河康氏的興盛和發展，莊園中許多彰顯康氏家風、家訓的楹聯也得以留傳下來。比如「處事無他莫若為善，傳家有道還是讀書」就展現了康氏家族「讀書、為善」的家訓。康百萬莊園中還有許多這樣的楹聯，我們可以從這些楹聯中探尋出屬於康氏家族的獨特家風。

一、康氏家訓之修身、治家

在康百萬莊園中，有許多關於修身和治家的家訓。

比如，「克儉克勤思其艱以圖其易，是彝是訓言有物而行有恆」是告誡後代要懂得創業的艱難，守成的不易。

「友以義交情可久，財從道取利方長」的意思是：朋友相處要義字當先，只有講義氣，朋友之間的感情才能持久，而錢財要取之有道、誠信為本，只有這樣才能長久。這句話中的「道」和「義」泛指各種社會道德規範和法律制度等。這句家訓是要求子孫後代遵紀守法，恪守道德底線。

「審時度勢誠信至上商之本，化智為利化利入義賈之根」的意思是在經營生意時要以誠信為本，用自己的智慧獲得合法的收益。

這句話點出了康氏家族的核心家訓之一——誠信經商，這是康氏家族生存發展至今的根本。而且，誠信也是一個人立身處世的基本原則，能夠展現一個人的修養和道德。

康氏家族有一條非常獨特的家規，那就是「家族子孫不得納妾」，這條家規雖然在封建社會顯得格格不入，但是卻讓康氏家族團結一心。先修身才能治家，康氏家訓強調個人的德行，並將德行融入治家的思想中。

康氏家族還深受儒家思想影響，將「留餘」的思想作為治家核心，留餘的意思是做任何事都留有餘地，不把技能用盡，不把財富用盡，不把福分用盡，才能讓家族綿延下去。康氏家族能歷經十二代四百多年不衰，與「留餘」治家思想和講究德行的家訓是分不開的，這也是康氏家族留給後代的寶貴財富。

二、康氏家訓之讀書傳家

家有良田美宅，有可能會因天災人禍而被摧毀；家有金山銀山，有可能坐吃山空；而一個人肚子裡的學識，卻是誰都拿不走的。因此，以經商起家的康氏家族非常重視子孫後輩的教育，並把「詩禮傳家」作為十分重要的家訓。為了讓子孫後代有更好的讀書條件，康氏家族設立了兒童私塾、青年學館和藏書樓。兒童私塾是為家族中的幼童們啟蒙的學堂，青年學館是康家青年們讀書、會友的地方，而藏書樓則是家族公共圖書館。

康氏家族不僅在教育上投入巨資，聘請名師任教，還非常注重營造家中的學習氛圍。在康百萬莊園中留下了許多長輩勸學、晚輩好學的細節。在莊園南院的一間廁所的門楣上，刻著「三上成文」四個大字，這四個字出自歐陽修的《歸田錄》，原文是：「餘平生所作文章，多在三上，乃馬上、枕上、廁上也。」在廁所門上刻「三上成文」的目的是提醒子孫們利用一切時間讀書做學問，在廁上、馬上、枕上也可以讀書、做文章。

在康百萬莊園中還有一張拜月石案，這張石案的底部刻了一段銘文：「頑然一塊石，誰道有精神？豈知經鏤刻，還能見天真。刮去垢兮磨其光，稜角錚錚類珪璋……」這張石案和銘文展現出了康氏家族對讀書的重視，就連遊園、拜月的時候，也不忘提醒子孫讀書進取。

三、康氏家訓之誠信、為善

康氏家族的子孫中，既有經商的，也有為官的，但無論是經商還是做官，康家的後人都謹遵「誠信」和「為善」的家訓。康百萬莊園中有一塊寫著「以德領商」四字的楹聯，還有頌揚關公信義的「義存漢室三分鼎，志在春秋一部書」，這些楹聯意在提醒子孫後輩在商海的沉浮中講究德行和信義。康氏家族把誠信視為立世之本和經商之道，這也是康氏家族能夠累積巨大財富的祕訣。

除了誠信以外，行善也是康氏家族的重要家訓，康百萬莊園中的一口井就見證了康氏先輩行善積德的舉動。在康熙年間，康家想買下洛河邊上一塊地，但這塊地屬於一個姓葉的人家。康家人找葉家人商議後，葉家人同意了賣地，但卻不賣地裡的一口水井。後來康家許以重金，葉家仍然不願意賣水井，最終康家人放棄了買井，把葉家井保留了下來，這口葉家井象徵著康氏家族不恃強凌弱、與人為善的家風。

康氏家族十四代傳人康應魁也留下了一段「慶壽焚券」的佳話。故事發生在康應魁七十五歲大壽的壽宴上，康應魁體恤鄉親，不僅不收他們的賀禮，還讓人將康家多年以來發放的借債整理出來，把其中屬於孤寡老人、殘疾人的借債契約一把火燒掉，族人和鄉親們都十分感念康應魁的義舉。康應魁還教導自己的兒子：「我們經商賺錢，就好像築起了一圈堤壩，把水聚集起來，形成一座水池。當池中的水越多，水池所受的衝擊和破壞力也就越大，一旦堤壩垮塌，就什麼都沒了。因此，我們不僅要會賺錢，還要會散財，多做善事多散財，我們的家族才能長久地興旺下去。」

從明清以來，康家人才輩出，修身治家、讀書、行善、誠信等優良家風對康家後人產生了深遠影響。世事雖然變遷，但康氏家風仍然源遠流長。

第5章 正家風：幫助孩子建立立身處世的基本法則

父母教育孩子的第一步，就是幫助孩子建立立身處世的法則。父母應該教孩子遵守規則、敬畏規則，幫孩子養成節儉的好習慣，培養孩子的責任心和抗挫折能力，讓孩子成為一個堅強勇敢、有擔當的人，父母還要培養孩子的學習習慣，讓孩子愛上學習。

站有站相、坐有坐相，再小的事，也要有規則

在生活中，我們經常會遇到一些不遵守規則的人，這些人不僅妨礙了別人，也將自己置於危險當中。有一次，我在搭乘地鐵時，有個人在地鐵關門的最後一刻才衝上車，驚險程度堪比動作片，把車裡車外的人都嚇了一大跳。乘客們都在為這個人慶幸：「好險

啊，還好他衝進來了，如果晚一秒，被地鐵門夾住，後果不堪設想。」

這個人無疑是幸運的，但是這樣的僥倖真的每次都會發生嗎？人生中沒有這麼多「如果」，有時候，不遵守規則會讓人們付出慘痛的代價。

二〇一七年一月二十九日，寧波雅高爾動物園內發生了「老虎傷人事件」，這起慘劇的起因是一名成年男子逃票進入虎山，該男子在虎山內被老虎攻擊，後經搶救無效死亡。這血淋淋的真實事件令人既惋惜又心有餘悸。同樣的老虎傷人事件在北京八達嶺動物園也上演過。

逃票進動物園是一種漠視規則的行為，有的人僥倖成功，有的人卻為此付出了代價。違反規則的結果是不確定的、充滿風險的，但是遵守規則卻能最大程度地保障我們的安全。

在這個社會上，規則無處不在，買票、停車、走路、說話、購物等日常行為都有對應的規則，這些規則看似束縛著我們，但同樣也保護著我們。如果每個人都遵守規則，社會將會變得更加公平、有序和安全。

真正的自由，往往從不自由中來，每一個成年人都應該明白，不加限制的自由會帶來災難，遵守規則就是保護自己。所以，每一個父母都有責任、有義務教育自己的孩子遵守規則，敬畏規則。

一、遵守規則才能更自由、更安全

社會的運轉離不開規則，父母應該儘早讓孩子明白，世界不會以自己為中心運轉，只有順應規則、遵守規則，才能更自由、更安全。

有人說，孩子是一個家庭的鏡子，從孩子身上我們可以看到一個家庭的家風，以及父母的行事風格。因此，想要讓孩子學會遵守規則，父母就要先遵守規則。

如果父母要求孩子在公共場合不吵鬧，自己就要在公共場合時刻保持安靜；如果父母要求孩子遵守秩序，自己就要做到不插隊、守規矩；如果父母要求孩子節約，自己就要及時關閉水龍頭；如果父母要求孩子保護環境，自己就不能亂扔垃圾。父母應該以身作則，用自己的實際行動告訴孩子什麼是規則，怎樣遵守規則。

古人云「勿以惡小而為之」，就是讓我們不要忽視生活中的規則，不要因為某些規則是小事就去違反它。所謂「千里之堤潰於蟻穴」，底線就是在一件件小事中被逐漸突破的。比如，有些父母過馬路時帶著孩子闖紅燈，搭乘電梯時推擠別人，逛超市時先吃後付錢，等等。這些行為看起來微不足道，但卻會破壞孩子的規則意識。

在孩子的世界裡，不分大事和小事，只分對與錯。在父母看來，自己只是鑽了個小漏洞，但在孩子眼中，父母做了一件錯事，並且沒有受到懲罰，那麼他也會有樣學樣。也許有一天，孩子就會因為這些違反規則的小事而付出慘痛的代價。父母應該記住一句話：教孩子漠視規則，就是漠視孩子的生命；教孩子走捷徑，就是讓孩子在懸崖上跳舞。

二、怎樣幫助孩子建立規則意識

如果父母想要讓孩子學會守規則，就要幫助孩子在日常生活中建立規則意識。父母是孩子的老師，也是孩子的監督者，父母應該時刻關注孩子，幫孩子明確邊界，及時糾正孩子的錯誤行為。慢慢地，孩子就會把在父母身上看到和學到的規則轉化為自己的行為準則。那麼，身為父母，我們應該怎樣培養孩子的規則意識呢？

我們可以從日常生活入手，為孩子定幾個規矩，讓孩子在規矩中學會遵守規則的必要性。

自己的事情自己做

孩子還小的時候，父母就應該讓他們學著做自己的事。七歲左右的孩子就已經具有相當的自理能力了，像鋪床疊被、穿衣盥洗、收拾房間等事項他們都可以獨立完成。父母還可以為孩子設定一些目標，讓孩子慢慢地去學習和完成。在孩子真正學會自理之前，父母應該花時間指導孩子，讓他們知道該怎麼做。

舉止文雅

文雅的舉止是一個人的基本修養，而且社會規則也要求我們舉止文雅。比如，公共場合不大聲喧譁、不隨地便溺、不隨地吐痰、不妨礙公共秩序等。

如果父母想讓孩子舉止文雅、遵守規則，就要告訴孩子這些規則的意義，以及該怎樣做，並以身作則，為孩子樹立榜樣。

做好自己的分內事

每個人都有自己的分內事，大人要工作，孩子要學習，這些事是我們必須去做的。因此，當孩子鬧脾氣不肯去上學，不願參加集體活動，或者上才藝班半途而廢時，父母就要注意了。這時候，父母應該安撫孩子的情緒，並幫助孩子克服困難，把自己的分內事做好。

學會等待

讓孩子學會等待是非常重要的，因為學會等待能培養孩子的忍耐力、耐心和持之以恆的能力。具體來說，讓孩子學會等待就是告訴孩子，把手頭的事情做完才能休息和玩耍，或者等到週末才能去遊樂園。

等待的時間可以慢慢加長，最開始，我們可以讓孩子先等一分鐘，接著增加到兩分鐘、三分鐘、四分鐘……父母可以把時間換成孩子能聽懂的說法，或者把等待時間具象化，這樣孩子就會更有耐心。

遵守時間

在現代社會生活中，守時是一個非常重要的品格。我們可以透過合理安排生活來樹立孩子的時間觀念，增強孩子內心的秩序感。想讓孩子學會守時，父母肯定要以身作則，還要在生活中經常與孩子約定時間，比如「十分鐘後關掉電視」、「再睡十五分鐘就起床」等。

尊重他人，不任性

尊重他人，是一項重要的人際交往規則，父母應該從小教育孩子在家要尊重父母長輩，不能跟父母長輩亂發脾氣，在學校要尊重老師和同學，還要有禮貌，在外面要尊重每一個人，做錯事要向別人道歉。

別人的東西不能拿

父母還要幫孩子建立物權意識，讓他們明白什麼東西是自己的，什麼東西是別人的。父母還應該告訴孩子，自己的東西可以隨便用，但別人的東西不能拿，借來的東西要愛惜，還要有借有還。

教孩子學會遵守規則，就是對孩子最好的保護，再小的事也要有規則，父母千萬不要忽視，要以身作則，為孩子樹立「遵守規則」的好榜樣。

一粥一飯，當思來處不易

「一粥一飯，當思來處不易；半絲半縷，恆念物力維艱。」這句話出自《朱子家訓》，它的意思是每一頓飯、每一件衣服都是勞動所得，來之不易，不應該有一絲一毫的浪費。

我有一個朋友，他的女兒妞妞不懂得珍惜食物，水果吃兩口就扔在一邊，不喜歡吃的菜嘗一口就吐出來，發脾氣時還會把飯碗掀翻。看到妞妞這個樣子，朋友很擔心她養成浪費的壞習慣。

妞妞不僅不珍惜食物，也不愛惜自己的玩具，她不僅喜新厭舊，而且還會把不喜歡的玩具砸爛。幾百塊錢的娃娃買回來後擺在櫃子裡一次也沒玩過，價格不菲的布偶被她用彩色筆畫得亂七八糟，名牌機器人被她砸得四分五裂……妞妞的父母希望提供孩子一個物質充裕的幸福童年，雖然妞妞一直破壞玩具，但他們還是不斷地購買新玩具。

這樣的情況在我們身邊並不少見，現在的孩子都是家裡的小公主或小王子，父母竭盡全力給孩子最好的生活，寧願自己吃苦，也要為孩子提供最好的條件。可是，孩子一旦習慣了高消費，就會養成大手大腳的生活習慣。俗話說「由儉入奢易，由奢入儉難」。當孩子的消費習慣養成了，父母再來強調節儉，孩子就很難接受了，也很難降低自己的消費水準了。

這種現象符合經濟學家杜森貝里提出的「棘輪效應」，用通俗的話來解釋，就是人們的消費水準會隨著收入的增高而提升，但是，已經提升的消費水準，卻很難再降低。可見，消費水準的提升是不可逆的，這與「由儉入奢易，由奢入儉難」的意思不謀而合。

「棘輪效應」告訴我們，人一旦養成了奢侈浪費的習慣，就很難再回到節儉的生活。因為，從節儉變奢侈是一種享受，而從奢侈變節儉則是一種痛苦。

習慣了奢侈浪費的孩子，長大後會很難適應生活中的困難和改變。因為奢侈的消費觀念已經滲透到了孩子生活的各方面，如果不能維持之前的消費水準，孩子就會很痛苦。如果孩子沒有足夠的能力支撐自己的消費，他就會去依賴父母甚至投機取巧。所以，父母應該從小培養孩子正確的消費觀，無論家裡多麼富裕，父母都要讓孩子學會合理地使用金錢。

一、孩子浪費是因為父母的縱容

孩子養成奢侈浪費的習慣，父母是「罪魁禍首」。一般來說，父母縱容孩子奢侈浪費的原因有以下幾點：

▼彌補心理作祟

有的父母小時候家庭環境不好，生活貧困，當他們有了孩子，也有了經濟能力以後，就會為孩子提供自己能力範圍內最好的物質條件，以彌補自己的遺憾。這類父母小時候體會過貧窮，所以他們生怕自己的孩子受苦，於是拚命花錢買東西給孩子，最後造成了孩子的奢侈浪費。

▼礙於面子，怕別人嘲笑自己小氣

在商場或超市裡，孩子哭鬧著要父母買某個玩具，父母一方面心疼孩子，另一方面害怕別人嘲笑自己小氣，於是不得不依著孩子。這類父母經常會在孩子的哭鬧要挾下，買一些昂貴的玩具、衣服和零食。父母讓孩子得逞一次，孩子就會每次都採取這種策略，讓父母不得不屈服，這樣也會讓孩子養成不正確的消費觀。

用物質彌補親情

有的父母工作忙碌，很少陪伴孩子，他們會對孩子感到愧疚。於是，這些父母為了彌補孩子，就買給孩子各式各樣的衣服、玩具和零食。父母透過這樣的方式來減輕自己的愧疚感，也期望昂貴的禮物能讓孩子開心。

父母本人奢侈成性

如果父母本人奢侈和喜歡炫耀，那麼孩子也會養成奢侈的習慣。比如，父母平時購物不節制，經常在孩子面前一擲千金，看到喜歡的就買，根本不考慮需求，孩子耳濡目染，花錢也會大手大腳。父母經常灌輸孩子奢侈浪費的思想和觀念，孩子又怎麼會節儉呢？

孩子養成奢侈浪費的習慣是父母之過，父母以身作則，勤儉節約，孩子才會養成節儉的習慣。如果孩子已經養成了奢侈浪費的習慣，父母應該想辦法幫助孩子克服。

二、怎樣幫孩子克服浪費的習慣

幫孩子克服浪費的習慣，培養孩子正確的消費觀，父母應該從以下三點做起。

▶從小事做起，培養節儉的習慣

父母要從生活中的小事著手，培養孩子節儉的習慣。比如，提醒孩子節約用水，愛惜自己的玩具、衣服和學習用具，養成隨手關燈、關水的習慣等。

如果孩子挑食，經常剩菜剩飯，父母可帶領孩子了解糧食的種植過程，讓孩子體會到「粒粒皆辛苦」的道理。對於孩子不合理的要求，父母應該堅持原則，堅決不答應。

▶不要無原則地滿足孩子的要求

如果一個孩子在平時的生活中「要風得風，要雨得雨」，那麼他是不可能養成節儉的好習慣的。越容易得到，孩子越不會珍惜，反而會養成奢侈浪費的習慣。

父母應該適當地滿足孩子的要求，這就像吃飯，餓的時候，粗茶淡飯也可以吃得很香；飽的時候，山珍海味也食之無味。

只有當孩子的願望十分迫切且十分合理的時候父母才能滿足他們，無原則地滿足孩子的要求只會讓孩子變得不懂珍惜。

控制孩子的零用錢

給孩子零用錢當然是必要的，因為讓孩子擁有零用錢，可以培養他們的獨立自主意識。但父母在給孩子零用錢時，一定要有所節制，不管家庭經濟條件如何，給孩子的零用錢都必須以「合理、適度」為原則。

至於具體給多少零用錢，父母可以跟孩子討論，徵求孩子的意見。父母可以讓孩子把要花錢的事項列出來，然後一起討論這些事項是否值得花錢，然後再算出零用錢的額度。這種做法可以讓孩子養成有計畫地消費的好習慣。

學會擔責，遇事不推諉

某個週日，我去電影院看電影，我剛坐下來旁邊就來了一對母子，兒子是個十多歲的大男孩。這對母子還沒有坐下來，前排就有一個小男孩轉過頭來，他一手抱頭，一手指著大男孩說：「你撞到我的頭了，好痛！」

原來，大男孩手裡拿著一個水杯，可能是水杯不小心碰到了小男孩的頭。這其實是一件小事，只要向那個小男孩說聲「對不起」就可以了。但是接下來發生的事卻讓人跌破眼鏡。

那個大男孩聽了小男孩的話後愣了一下，然後轉過頭跟他媽媽說：「妳說！」正當我一頭霧水時，大男孩再次命令他媽媽：「我不說，妳說！」我這才明白，原來大男孩想讓媽媽替自己道歉。大男孩的媽媽臉色難看，沒有開口，前排的小男孩沒有等到他們的道歉，只好嘆了一口氣不再追究。而那對母子也明顯鬆了一口氣。

這對母子的表現實在讓人吃驚，他們讓我看到了，人推諉責任的樣子有多醜陋。而且，這個大男孩如果連這麼一點責任都不肯承擔，那他以後還能承擔什麼呢？十幾年後，當這個大男孩踏入職場後，上司敢把工作交給他嗎？

我們都知道，不敢承擔責任的人是沒有前途的，因為只有敢承擔責任的人，才會被委以重任；只有敢承擔責任的人，才會贏得別人的信任。所以，父母千萬不要讓孩子養成遇事推諉的習慣，要讓孩子勇於擔責。

一、孩子不負責任是誰之過

一個孩子負不負責任，從他平時的表現就能看出來。假期就要結束了，但孩子作業還沒寫，父母多次提醒孩子也不著急，看完電視玩遊戲，就是沒有做作業的打算。

孩子的房間一片狼藉，用過的東西隨便扔，髒衣服堆滿牆角。人走了，但房間的燈和空調還開著，洗完手也不關水龍頭。

以上兩個場景中的孩子都是缺乏責任心的，這也是父母沒有培養孩子責任心的結果。孩子生下來就是一張白紙，如果父母沒有進行責任教育，沒有讓孩子負起責任，孩子怎麼可能有責任心呢？

有的父母會包攬孩子的一切事務，包辦孩子的飲食起居，督促孩子學習，替孩子做決定、做選擇，替孩子承擔責任。這不是愛孩子的表現，而是害孩子。承擔責任是健全人格的重要組成部分，責任心可以激發人的內在能量，是非常值得擁有的。但是很多父母卻把培養孩子責任心的機會白白放棄了，這對孩子來說是莫大的損失。

家長替孩子承擔責任，對孩子造成的負面影響是多方面的。首先，會讓孩子的惰性滋長，讓孩子更依賴父母。長此以往，孩子的責任心會消失殆盡，他們會拒絕為任何人、任何事負責，並成為一個推卸責任的高手。無論出現什麼問題，孩子都會心安理得地把責任推給其他人，並理直氣壯地為自己找藉口。

其次，父母代替孩子承擔責任，會讓孩子產生「寄生蟲思維」，這種思維的可怕之處在於，孩子會認為父母應該伺候我，把我的一切安排好，我的困難也應該有人幫忙解決。而且，有「寄生蟲思維」的人不會替別人著想，他們的心中只有自己，認為周圍的一切都要圍著自己轉。一旦別人不照顧他了，他就會認為別人傷害了他。

再次，沒有責任心的孩子，無論做什麼都十分消極被動，他們習慣於拖延和等待。如果沒有父母、老師和主管的督促，他們是無法完成任何一件事的。這樣的人，很難取得上級的信任，事業上也不會取得多大的成就。

責任和自由是相關聯的，不負責任的人會為了逃避責任，把自己的命運交給別人來掌控，逃避責任就會失去自由。而願意負起責任的人，就能夠掌控自己的命運，獲得自由。

為了讓孩子成為一個更好的人，父母一定要培養孩子的責任心。

二、如何培養孩子的責任心

既然責任心是如此重要，那麼，父母應該怎樣培養孩子的責任心呢？我認為應該做到以下幾點。

➤ 讓孩子學會自主選擇

選擇意味著自由，同時也意味著責任和義務。如果父母代替孩子做選擇，孩子只會被動接受，認為這是父母強加給自己的，所以自己也不用為選擇承擔責任。既然是父母選擇的，那麼出了問題找父母就好了。

如果讓孩子自己選擇，情況就完全不同了，他們會為自己的選擇負責，也會為達到目標而努力，因為這是他們自己願意做的事情。

小航要買一個飛機模型，媽媽認為這個模型太貴了，已經超過了家裡的消費範圍，但她沒有直接拒絕小航，而是提供了一個選擇的機會。媽媽說：「這個模型的確非常精美，但是它太貴了，旁邊的這個模型雖然差一些，倒也很不錯，而且要便宜得多。如果你選擇貴的模型，就要等一段時間，媽媽發了薪水再買給你，而且你下個月的零用錢也要縮減。如果你選擇便宜的模型，現在就可以買。」

小航考慮再三後，還是決定買貴的模型，並且心甘情願地減少了自己的零用錢。為了買到模型，小航承擔了責任，也付出了代價，他不僅得到了心愛的模型，也學會了承擔責任。

有些父母意識到應該培養孩子責任心時，孩子的年齡已經比較大了，這個時候再讓孩子選擇承擔責任，實施起來會比較困難，孩子會感到難以抉擇。有的孩子還會反抗、不配合，但是只要家長有耐心，不動搖，堅持與孩子磨合，就能讓孩子慢慢學會做選擇，並為自己的選擇承擔責任。

▼ 讓孩子勇敢承擔後果

父母應該從孩子懂事起，就讓他明白每個人都要負起應有的責任，並為自己的行為承擔後果。

媛媛喜歡賴床，爸爸為了解決這個問題，為她買了一個鬧鐘，讓媛媛自己起床，爸爸媽媽不會專門叫她起床。如果起床晚了，就只能自己承擔後果。

有一次，媛媛又賴床了，鬧鐘響了以後她還繼續睡，結果就晚起床了。於是，當天早上媛媛沒洗臉、沒刷牙、沒吃早飯，拚命趕到學校還是遲到了。最後，媛媛不僅被老師罰站，還從早上餓到了中午。

經過這次的教訓，媛媛再也不敢賴床了，為了克服賴床的習慣，她設定了兩遍鬧鐘，以保證自己能按時起床。看，孩子受到教訓後，不僅會下定決心改正錯誤，還自己想出了辦法。所以，讓孩子承擔後果，可以促進他們的成長。

如果媛媛的父母心疼孩子，怕她餓肚子，把早餐送到學校；怕她被批評，找老師解釋，把責任攬在自己身上，那麼，媛媛賴床的毛病恐怕很難改掉了，因為父母替她承擔了賴床的後果。

每個人都有依賴性和惰性，如果每次都有人替我們承擔後果，那麼誰也不願意負責任。可是，我們都知道沒有這樣一個人，所以我們學會了為自己負責。這個道理放在孩子身上也一樣，父母放手讓孩子承擔後果，孩子就會學著負起責任。

▼不隨意幫孩子解決困難

困難是生活對我們的歷練，戰勝困難的人才能夠成長。因此，父母不應該隨意幫孩子解決困難，而是要讓孩子體驗困難，在困難中得到磨練。

困難是孩子磨練自己的好機會，如果父母替孩子解決了，孩子就失去了鍛鍊意志力、培養責任心的寶貴機會。失去這樣的機會，孩子就無法成長了。只有經歷過困難、克服過困難的人才能做生活的強者。父母如果真的愛孩子，對孩子負責，就不要隨意為孩子解決困難。

▼不要被孩子的負面情緒所支配

承擔責任的另一面就是承受痛苦，在孩子稚嫩的肩膀上放上責任，對孩子來說有些沉重，而且孩子必然會經過一個較為痛苦的過程。父母要做好充分的心理準備，和孩子一起度過培養責任心的陣痛期。

在這個陣痛期中，孩子難免會有一些負面情緒，比如憤怒、委屈、沮喪等，但這都是正常的。在這段適應期裡，父母應該接受孩子的情緒，並對孩子表示理解。此外，父母要允許孩子宣洩負面情緒，因為這樣能讓孩子盡快地從負面情緒中走出來。

父母要做的是疏導孩子的情緒，而不是被孩子的負面情緒所支配。有的父母受不了孩子的負面情緒，恨不得讓孩子馬上「陰轉晴」，這樣的父母恰恰最容易被孩子的情緒所支配。孩子憤怒時，他們比孩子還憤怒；孩子焦慮時，他們比孩子更焦慮。如果父母先亂了方寸，孩子的情緒也會變得一團糟，所以，父母一定不要被孩子的情緒所支配。

孩子責任心的培養，關鍵在父母，如果父母想讓孩子成長為一個有責任、有擔當的人，就要從小培養，從一點一滴做起。父母在培養孩子責任心的過程中要做到目標清晰、態度堅定，還要運用科學的方法。

梁啟超曾說過：「人生須知負責任的苦處，才能知道盡責任的樂趣。」責任，會讓孩子的人生更加飽滿和豐富。

過而改之，善莫大焉

在本節開頭，我想請大家思考這樣一個問題：孩子犯錯後，父母應該怎樣處理呢？

有的父母認為，孩子犯錯後應該嚴厲懲罰，只有這樣孩子才能記取教訓，不再犯同樣的錯誤。還有的父母認為，孩子犯錯後要及時教導，以免孩子忘記。事實上，無論採取什麼樣的教育方法，最終目的都是讓孩子改正錯誤、吸取教訓。

在我看來，孩子犯錯一點也不可怕，可怕的是如果父母的教育方式出了問題，會讓孩子犯的小錯誤變成大問題。

我曾經在一本書上看到過這樣一個小故事：一個3歲的孩子每次吃飯時都喜歡玩碗筷，要麼拿著勺子使勁敲碗，要麼把碗筷扔到地上，每次玩碗筷時，這個孩子都開心得哈哈大笑。可是他的這種行為讓父母十分惱火。於是，孩子的爸爸便準備了一個醜陋的娃娃，只要孩子開始玩碗筷，爸爸就把那個娃娃拿出來嚇唬孩子。結果和父親預期的一樣，孩子不玩碗筷了，可是孩子一坐到餐桌前，一看到碗筷就會害怕得大哭。

這位父親的初衷是幫助孩子建立條件反射，讓孩子變得聽話，可是情況卻變得更糟。孩子不僅一看到碗筷就害怕，而且變得越來越膽小和沉默。這位父親用錯誤的教育方法把孩子犯的小「錯誤」變成了大問題。

深究這位父親的心理，我們不難發現，之所以採取這麼極端的方式幫孩子糾正「錯誤」，就是因為他不允許孩子犯任何錯誤。其實，孩子年齡還小，玩碗筷只是出於好奇，父母稍加引導就能讓孩子意識到吃飯時不應該玩碗筷。但父親認為孩子的行為不正常，不符合他的期許，所以他必須用極端的方法去糾正。

事實上，和這位父親一樣的父母不在少數，他們看似是在糾正孩子的行為，但實際上卻是在扼殺孩子的天性，剝奪孩子探索的權利，損害孩子的自我意識。而且，不正確的、極端的教育方式會嚴重破壞親子關係，讓孩子和父母的關係惡化。

那麼，孩子犯了錯父母該不該指責呢？答案顯然是肯定的，孩子犯了錯，指責是必須的。但父母指責孩子要講究技巧和方法，讓孩子在父母的指責中反思自己的行為，意識到自己的錯誤，並改正錯誤。

俗話說「知錯能改，善莫大焉」，如果父母想教育出知錯能改的孩子，就要用合理的方法來指正和教育孩子。下面有幾種方法，可以為父母們提供一些參考。

一、用幽默的方式讓孩子意識到錯誤

當孩子犯錯時，很多父母喜歡吹鬍子瞪眼，為的是讓孩子被震懾住。但是，俗話說「有理不在聲高」，如果我們能有技巧地讓孩子意識到自己的錯誤，用道理來撼動孩子的心，那麼我們不需要大吼大叫，也能造成教育孩子的作用。

幽默的教導方式既能讓孩子心平氣和地接受批評，也能讓孩子意識到自己的錯誤，並改正錯誤。把嚴肅的道理用幽默風趣的方式表達出來，比直接說出來更容易讓孩子接受。

幽默能讓孩子看到父母的另一面，讓孩子知道父母也是很有趣的人。幽默的指正比較含蓄委婉，不傷孩子顏面，也能讓親子關係更加融洽。

而且，孩子在哈哈大笑之後，會主動領會父母話中的道理，理解父母的苦心，並主動改正自己的錯誤。比起狂風驟雨般的喝斥和打罵，幽默的教導方式是更有效的。

二、指責孩子時，盡量別動手

有些父母在氣頭上時，會控制不住自己脾氣，對孩子非打即罵，或者用手指戳孩子、推孩子。還有一種做法比動手更嚴重，那就是用嫌棄的眼神看著孩子。父母的眼神和動作會對孩子造成很大的傷害。

孩子雖然年紀小，但他們的感情卻十分敏感而細膩，從父母的打罵和眼神中，他們會感受到父母對自己的嫌棄和鄙視。所以，家長應該控制自己的情緒，不要讓自己在氣頭上做出不理智的言行。

我們的目的是教育孩子，幫助孩子改正錯誤，而不是與孩子結仇，所以我們在指責孩子的時候千萬不要過度。面對孩子的小錯誤，父母不應該揪住不放，在指責孩子的同時也要原諒孩子、理解孩子。

三、不給孩子貼標籤

父母在指責孩子時，不應該給孩子貼標籤，孩子犯錯只是一時的，不要因一個小錯誤就對孩子下定論。「笨蛋」、「蠢貨」、「傻瓜」、「廢物」等都屬於標籤，如果父母給孩子貼上了這些標籤，孩子就會覺得自己就是這樣的人。一旦標籤深入了孩子的心靈，他們就不會再努力改變自己了。

在現實生活中，很多父母都會犯「貼標籤」的錯誤，很多父母都會給孩子貼上各式各樣的標籤，比如「自私自利」、「膽小如鼠」、「不孝順」等。有的孩子只是因為有一次不願分享自己的玩具，就被父母貼上了「自私自利」的標籤。但父母卻沒有意識到這個標籤對孩子的傷害，「自私自利」幾乎是對一個人人格的否定，怎麼能用在一個只有幾歲的孩子身上呢？要知道孩子的未來很長，他們的性格和品行都有很強的可塑性，一時的小錯誤並不能代表什麼。

孩子的心靈十分稚嫩，如果父母早早地給他們貼上了標籤，他們自己也會在心裡為自己下定論，全面地否定自己。可是孩子的成長過程有無限的可能性，父母應該按實際情況教育孩子，千萬不要以偏概全。

每個人都會犯錯，更何況是孩子，父母與其百般忌諱孩子犯錯，倒不如學習一下如何正確地指責和教育孩子，讓孩子意識到自己的錯誤，並主動改正。

跌倒了沒關係，爬起來就好

許多父母都反映，自己的孩子非常在意輸贏得失，比賽、考試甚至是和同伴一起玩遊戲都不能輸。輸了要麼苦惱、情緒低迷，要麼就耍賴、不願服輸。這種只想贏不想輸的心態，讓孩子在遇到挑戰和困難的時候，直接選擇放棄，連嘗試一下都不願意。這一切，其實都是孩子抗壓性差的典型表現。

抗壓性又叫逆商，它是美國著名教育大師保羅·史托茲提出的，指的是人能夠在失敗和挫折中一次次重新站起來的能力。

孩子在成長的過程中，會不可避免地遭遇挫折，而能夠忍受並消除挫折，保持完整的人格和心理平衡，這是孩子心理健康的重要指標。與孩子相比，成年人的抗壓性通常較強，這是因為，隨著年紀的增長，人的抗壓性也增強。而孩子的人生經歷較少，所以抗壓性一般較弱，有些孩子甚至遭遇一點打擊就會一蹶不振、遇到一點困難就會往後退縮等。

為了讓孩子的身心能夠健康發展，父母一定要培養孩子的抗壓性。

不可否認的是，如今在教養孩子的過程中，幾乎所有的父母都想把自己所擁有的最好的東西給孩子，這是父母愛孩子的本能。

然而，身為父母，我們所能帶給孩子的最好的東西，其實並不是「給他一片真空，保他一世無憂」。因為從理性的角度來說，人生是無常的，在成長的過程中，所有的孩子都不可避免地會遭遇挫折和失敗，而這個時候，孩子如何應對挫折和失敗就顯得尤為重要，這將決定他們未來的路究竟可以走多遠、多久。

正所謂「授人以魚不如授人以漁」，所以，「父母之愛子，則為其計深遠」。與其拚盡全力讓孩子有一段「確保贏」的成長，不如培養孩子一種「輸得起」的品格，換言之，就是要從小培養孩子的抗壓性。

心理學家告訴我們，人要想真正獲得成功，通常需要具備三方面的能力：一是高智商、二是高情商、三是高逆商。

然而，在現實生活中，許多父母都已經意識到了前兩個能力的重要性，也十分重視對孩子這兩方面能力的培養，比如，現在社會上開設了越來越多的培養孩子情商、開發孩子智力的培訓機構就充分地說明了這一點。然而，對於抗壓性，父母卻普遍不夠重視，這也從另一個層面說明了現今培養孩子抗壓性的迫切性。

一、孩子抗壓性差的原因

在前文中，我們已經強調了培養孩子抗壓性的重要性，問題是，父母們究竟應該怎麼做呢？正所謂「知己知彼，百戰百勝」，在詳細地闡釋培養孩子抗壓性的方法之前，我們不妨先來了解一下導致孩子抗壓性差的具體原因。

歸納起來，在現實的生活中，導致孩子抗壓性差的原因主要有以下幾點。

家長一味地想讓孩子出人頭地

一些父母總想讓自己的孩子出人頭地，不願意看到孩子失敗，在與孩子一起玩遊戲，或者做一些競賽性的活動時，總是有意讓著他們，這樣容易讓孩子產生只能贏不能輸的想法，對日後的成長會產生不利的影響。

家長過度溺愛孩子

現在很多孩子都是獨生子女，被父母視為掌上明珠，而很多老人更是對孫子輩的孩子過分寵愛，做什麼事情都依著孩子，時間長了難免會讓孩子產生以自我為中心的心理，在這種環境中成長的孩子根本受不了一絲一毫的委屈，只要有一點不順心就會大哭大鬧。

▼家長對孩子誇獎過度

適當誇獎孩子，採取賞識的態度教育孩子可以讓他們更有自信心，但若賞識過度，反而會弄巧成拙，讓孩子產生自負的心理，一旦遇到挫折，就很容易會憂鬱，並且變得自卑。

▼家長為孩子找藉口

一些父母在看到孩子不小心摔倒的時候會馬上上前去拍打地面，一邊拍一邊說：「都是地面不好，地面不平，讓我的寶寶摔倒了，來，打它。」家長這樣的舉動是將孩子摔倒的責任推到地面身上，久而久之孩子會養成遇到問題設法推卸責任、找藉口的壞習慣。

▼家長包辦孩子的生活

一般情況下，孩子在一歲到兩歲的時候會自己搶著吃飯，還有些孩子會試著自己穿衣服和鞋襪，甚至會像模像樣地疊衣服或收拾玩具等。這個時期的孩子對自己動手做事情非常敏感，但很多家長因為心疼孩子而一味地包辦孩子的生活，自己把一切都打點好。其實真正聰明的家長會主動配合孩子，讓孩子自己學著做事情。

只有找準了「病因」，才能更加有的放矢地進行「治療」。如果在現實生活中，父母發現孩子也存在抗壓性差的問題，那麼就不妨對著以上列出的原因認真進行自查，弄清楚導致孩子抗壓性差的具體原因。

二、如何培養孩子的抗壓性

我認為，孩子抗壓性差跟父母脫不了關係，那麼，身為父母，我們又該如何來幫助孩子培養抗壓性呢？以下幾點建議，值得參考。

▼不將父母的目標強加在孩子身上

從外在表現來看，學習是培養抗壓性的途徑。

讓孩子在解決問題的過程中學習抗壓性，這一點又可以展現在四個方面，分別是目標、態度、知識和技能。有了良好的態度，孩子可以依靠不斷學習掌握一定的知識，最後學會解決問題的技能，從而達到自己的目標。

目標的實現包含三點，第一是自己設立的目標，第二是可以控制的目標，第三是具體可操作實現的目標。一旦脫離這三點，所謂的目標就不能為孩子帶來動力。若一個目標來自父母而非孩子自己，那麼他們在實際努力的過程中就會缺乏動力，更談不上培養抗壓性了。不僅如此，當孩子未能完成父母為自己定下的目標時，常常會受到父母的譴責，這樣親子關係就會越來越差，孩子也會變得越來越叛逆，不願意再繼續努力。

所以，家長的目標必須與孩子的目標一致，要在幫助孩子減輕痛苦的前提下逐漸實現所擬定的目標。

▼對孩子要有耐心，讓他們學會獨立

現在有些孩子上寄宿學校，對於孩子來說，初到一個陌生的環境，第一個星期是非常難熬的，這一點在國一或高一的孩子身上表現尤為突出，一些孩子甚至晚上根本無法入眠，出現不適應現象。

突然與父母分離的孩子就像斷奶一樣，要經歷一段痛苦的時期，此時父母一定要沉住氣，不要焦躁，相信孩子，多鼓勵他們。

除此之外，當孩子回家後，父母最好不要陪孩子睡覺，也不要再幫他們做任何生活上的瑣事，讓他們學會獨立，因為獨立是培養孩子抗壓性的重要條件。

學會支持孩子，不要一味地指責

父母要成為孩子堅強的後盾，當孩子遇到困難和挫折時，父母要及時給予他們鼓勵和支持，透過開導讓孩子排除不安的心理，用積極樂觀的態度面對困難。

當然，所謂的支持並不意味著一手包辦，一些父母在孩子遇到問題的時候總是挺身而出為孩子出謀劃策，而且孩子若不按照父母的想法去做就會受到嚴厲的斥責，這樣一來孩子非但不能振作起來，反而會更加依賴父母，抗壓性根本不會有所提高。

允許孩子發洩情緒

當孩子總是搭不好積木，急得嚎啕大哭時，身為父母，你會怎麼做呢？是會耐心地告訴孩子：「沒關係的，要是搭不好我們就不搭了。」還是不耐煩地指責孩子：「哭什麼哭，這點小事都做不了，就知道哭，將來你能幹什麼啊？」

其實在現實生活中我們常常會遇到挫折，此時進行情緒宣洩並沒有多大的壞處，當孩子哭鬧的時候父母最先做的事情應是幫助孩子了解自己所處的情緒狀態，並允許孩子進行發洩，可以說：「媽媽看得出來你非常生氣，想哭就哭吧，來，媽媽抱著你。」與此同時，對於孩子做出的一些不合理行為也要進行適當的制止，比如：「媽媽知道你不開心，可是不管多麼不開心都不能隨便打人呀，來，讓媽媽抱抱你。」

當孩子平靜下來之後可以告訴孩子：「好啦，我們一起來看看，到底是什麼地方出了錯，媽媽跟你一起來解決怎麼樣？」讓孩子知道一次小小的錯誤不要緊，只要肯堅持就一定會成功的，但在困難面前低頭就永遠也不能達到自己的目的了。

綜上，父母一定要信任孩子，每個孩子都是特殊的個體，需要父母去認真呵護和珍惜，陪伴他們走過成長之路，父母要幫助孩子成就他們的夢想，切勿一味地指責孩子，而要用愛和包容、鼓勵和信任去培養孩子的抗壓性。

預防「啃老族」，從小做起

養兒防老是根深蒂固的觀念，但是「啃老族」的出現卻讓人們重新思考父母與子女之間的責任和義務。按照今天的觀念來看，父母養育孩子並不僅僅是為了養老，而孩子也不應該把父母的付出看作天經地義。

造成「啃老族」現象的原因是多方面的，但其中大部分成因要歸咎於家庭教育的失敗。我認為，很多父母在承受「啃老」之苦的同時，應該反思自己的教育和家風。

一、「啃老族」是誰之過

我曾經遇到過一個學員，他就是個典型的「啃老族」，為了擺脫這種困境他才找了我，希望我能幫助他。在諮詢的過程中，小趙講述了自己的故事。

二十一歲那年，小趙大學畢業了，他不甘心留在家鄉，便和同學們一起去了上海，想在那片廣闊的天地裡一展拳腳。可是到了上海以後，小趙才發現現實與理想的差距有多大，普通大學的學歷讓小趙很難找到理想的工作。於是，小趙萌生了考研究所的想法，他的想法也得到了父母的支持。父母不僅為小趙準備了補習班的費用，還把每個月的生活費按時匯給他。從此，小趙便開始了無憂無慮的準備研究所考試的生活。

複習了幾個月，小趙信心滿滿地參加了考試，但遺憾的是他並沒有考上。考試失敗讓小趙錯過了應屆應徵的機會，成了一名失業者。後來，小趙嘗試著去一些公司應徵，但是大公司嫌他學歷低，沒有工作經驗，不少小公司倒是願意要他，但他又嫌棄人家待遇低。就這樣，小趙成了一個「待業族」。

可是，上海是經濟發達的大城市，生活成本很高，而小趙又沒有收入來源，無奈只好開口找父母要錢。一開始，他只是要基本的生活費，後來越要越多，在惰性的驅使下，小趙漸漸放棄了找工作，每個月靠父母給的錢生活。

小趙的父母得知他的情況後十分擔心，多次勸說小趙去找工作，但小趙還是堅持伸手找家裡要錢。父母痛定思痛後，決定不再給小趙生活費。沒有了父母的支持和縱容，小趙反而醒悟了，開始想辦法找工作賺錢。在我的建議下，他決定從基層銷售員做起，讓自己盡快獨立起來。

如果說小趙的故事令人欣慰，那麼我聽過的另一個故事就只剩心酸和唏噓了。

小林出身於一個知識分子家庭，他的父母都是教授，都有不菲的退休金。按理說，小林父母的晚年生活應該是輕鬆愉快的，可是他們的兒子小林卻成了老兩口的一塊心病。

小林已經二十六歲了，但卻遊手好閒，沒有一份正經工作。原本父母託人替他找過幾份工作，可他始終不滿意，於是索性在家「啃老」。小林雖然自己一分錢不賺，但每個月都霸占父母的退休金，用於吃喝玩樂。有一次，小林的父親實在看不下去了，就狠狠訓斥了小林一頓，令人意想不到的是，小林竟然動手打了父親。這件事讓小林父母傷透了心，但卻拿小林沒有辦法。

在我看來，小林完全有養活自己的能力，但他卻選擇了逃避，逃避自己應該承擔的生存義務和養老義務。

家庭中的每個人既有責任也有義務，但是家庭教育的失敗，讓很多孩子都只懂得接受別人的付出，不懂得承擔自己的責任。孩子的責任感和勤勞、孝順的品格應該由父母和祖輩來灌輸和薰陶。但很多孩子從小備受寵愛，事事由家長包辦，處處有家長呵護，這樣的教育只會讓孩子養成依賴、不獨立、沒有責任感的性格。這樣的孩子進入社會以後，是經不起一點挫折的，一旦遇到困難，他們就會退回到父母的庇護下。當孩子選擇逃避時，有的父母沒有採取正確的應對方法，他們不僅沒有鼓勵孩子戰勝困難，反而袒護孩子、心疼孩子。

父母終有一天會老去，如果那時孩子仍然無法獨立，父母又該如何呢？父母和祖輩圍著孩子轉，為孩子做牛做馬，不培養孩子獨立的能力，最終只能收穫苦果，讓孩子成為「啃老族」。

二、向孩子灌輸獨立意識

父母們要有一個認知：如果不想讓孩子一輩子都做「啃老族」，就要從小培養孩子的獨立精神和生活技能。最重要的是，要讓孩子在心理上做好擔責任和盡義務的準備。那麼，父母和祖輩們應該怎樣做呢？羅森塔爾實驗可以給我們一些啟示。

美國心理學家羅森塔爾在一所學校裡做了一個實驗，他為學校裡的學生進行智力測驗後，告訴老師們有些學生非常有天賦，並把這些學生的名字告訴老師們。

自從羅森塔爾宣布了有天賦的學生的名單後，他就再也沒和這些學生有過接觸。事實上，有天賦者的名單是羅森塔爾隨機挑選出來的，他們與其他學生並沒有什麼不同。可是這些學生的成績卻變得越來越優異。

這是怎樣造成的呢？原來，老師們雖然沒有提那份名單，但卻對那些「有天賦」的孩子進行了特別的關愛。而這些孩子也在老師的暗示下，相信自己一定能成功。

父母們也可以借鑑羅森塔爾的方法，在生活中不斷對孩子施加積極的暗示，告訴孩子：「你可以做好自己的事，你可以獨立解決各種問題，你可以照顧好自己，並承擔起照顧父母和家人的責任。」當孩子有了獨立和責任的觀念，他們就會以「啃老」為恥。

三、抓住孩子想獨立的時機

當孩子進入青春期以後，就會有想要獨立的想法，如果父母們能抓住這個時機，讓孩子知道自己是可以獨立的，幫孩子找到保持獨立的方法，那麼孩子就會很快成熟起來。如果家長沒能抓住這個機會，孩子的獨立之路就會受到阻礙，導致孩子難以離開父母的保護，為以後埋下「啃老」的種子。

那麼，我們應該怎樣抓住孩子想獨立的時機呢？我將透過一個真實的案例來告訴大家。

小田是一個高中生，但他產生了厭學情緒，如果不是父母要求他必須讀書，他說不定會選擇退學，然後離家打工。在糾結了很久之後，小田把自己內心的想法告訴了媽媽，說完之後他等待著媽媽的回答，但出人意料的是，媽媽並沒有批評他。

小田的媽媽知道，兒子有這想法是因為他想獨立，想證明自己。於是，她對小田說：「你的想法很好，說明你的思想已經開始獨立了，這證明你長大了。可是，你目前真的有獨立的能力嗎？簡單來說，假設你退學了，你準備怎樣規劃自己的人生呢？更直白地說，你要怎樣養活自己呢？」

小田不由自主地思考起了媽媽提出的問題，他認為自己有跆拳道特長，可以當一名跆拳道教練。但是，媽媽告訴他：「當一個教練並沒有那麼簡單，除了會跆拳道以外，還要懂得人體結構和運動機制，而這些都是系統性的學問，你還有很大的欠缺。」

媽媽接著說：「我不反對你退學，如果你像那些輟學創業的大學生一樣，能夠獨立規劃自己的職業選擇、事業發展、生活方式等，並能夠拿出切實可行的方案，那麼我不僅不會反對你退學，還會支持你。但是，如果你沒有考慮過這些問題，只是單純地因為不想學習而退學，那你就應該好好考慮一下，自己以後要做什麼，有什麼夢想去實現，要怎樣實現。我相信，只要想清楚了這些，你就能重新找到繼續學習的動力。」

「而且，我必須告訴你一個事實，普通人的生活狀態與受教育程度是成正比的，你的職業、婚姻、財產狀況都和受教育程度息息相關。你已經長大了，有自己的思想了，可以從現在開始思考自己的人生了：你將來想怎樣活著，要靠什麼在社會上生存和立足？要知道父母是不可能一輩子養著你的。」小田媽媽把所有的問題都攤開在兒子的面前，讓兒子仔細思考她說的話。

媽媽的一席話讓小田找到了努力的方向，後來，小田順利考上了大學。不得不說，小田媽媽是一位充滿智慧的家長，如果所有的父母和祖父母都能像她一樣懂得把握時機，在孩子產生「獨立衝動」的時候給予正確的引導，那麼孩子就會認真地思考自己的人生，並找到自己的道路，快速地成長。這樣一來，父母和祖輩就不用擔心孩子「啃老」了，因為，孩子已經完全具備了為自己負責的能力。

學富五車，成為高貴的人

孩子不愛學習是很多父母的一塊心病，為了讓孩子愛上學習，他們想盡了各種辦法，或是用玩具、零用錢、禮物等「利誘」孩子，或是用打罵、喝斥、恐嚇等手段「威逼」孩子，可是辦法用盡了，孩子還是沒能愛上學習。

我認為，父母在採取各種方法逼孩子學習之前，應該先找出孩子不愛學習的原因。

一、孩子不愛學習的原因

我認為，以下幾大因素是孩子學習積極性不高的核心原因。

▼ 目標不明確

很多孩子學習沒有動力，就是因為他們沒有明確的目標。如果孩子不知道自己為什麼要學習，對自己的未來也很迷茫，沒有一個明確的目標，那麼孩子就不會付諸行動。所以，父母要幫助孩子找到自己的目標，有了目標才能制定計畫並付諸行動。目標可以是大目標，比如以後要考哪所大學，也可以是小目標，比如期中考試要進步。有了目標，孩子就有了努力的方向，他們學習的主動性就會大大提升。

▼ 孩子對自己沒信心

有的孩子學習意願不強，是因為對自己沒信心。他們認為自己不是學習的料，而且由於基礎不好，他們經常在學習上碰壁，久而久之，孩子就失去了學習的動力。

我們都聽過馬戲團小象的故事，那隻小象從小就被一條細鐵鏈拴著，牠曾經嘗試過掙脫，可是年幼的小象力氣太小，掙脫不了鐵鏈。在一次次的嘗試中，小象漸漸失去了信心，牠認為自己是不可能掙脫鐵鏈的。就這樣，當小象長大了，已經可以輕而易舉地扯斷鐵鏈時，牠也不會逃走，因為牠覺得自己無法戰勝那條細細的鐵鏈。

很多孩子都像故事中的小象，認為自己就是學不好，這些孩子替自己畫了一個圈，讓自己局限在這個圈子中，卻不願意全力以赴地嘗試一次。

孩子體會不到學習的樂趣

如果孩子體會不到學習的樂趣，就會出現學習動力不足的表現。有的孩子學習甚至很「刻苦」，每天花大量時間學習，但是他們只是為了完成任務，毫不用心，學習效率也很低。

孩子之所以體會不到學習的樂趣，是因為他們沒能從學習中獲得成就感，沒有掌握正確、高效的學習方法，學習對孩子來說是一種痛苦和負擔。

父母沒有及時肯定孩子

孩子不愛學習的第四個原因是父母沒有及時肯定孩子。孩子的心智不夠成熟，他們還不能意識到學習是為了自己。因此，孩子需要父母的肯定和鼓勵，他們需要從父母那裡汲取學習和努力的動力。所以，當孩子在學習上取得一些成績時，父母一定要及時給予肯定和認可。

如果孩子不愛學習，父母要先找到根源，才能對症下藥解決孩子不愛學習的問題。

二、怎樣讓孩子愛上學習

父母要怎麼做才能讓孩子愛上學習呢？我有以下幾點建議。

▼讓孩子設立自己的目標

前面我們提到了，要讓孩子設定學習目標，有目標才有動力。

不過，父母們應該記住：目標是孩子的，不是你的。

很多家長總是希望把孩子培養成自己理想的樣子，他們把自己未完成的夢想強加給孩子，讓孩子來替他們實現夢想。這種想法是完全錯誤的。父母應該尊重孩子自己的想法，讓孩子擁有自己的目標，並啟發孩子思考實現目標的途徑。

目標可以分為兩種，一種是大目標，也可以稱為長期目標，另一種是小目標，也叫短期目標。父母可以幫助孩子把大目標分解成一個一個的小目標，讓孩子可以像上階梯一樣達成他們的目標。

家長可以透過詢問和談心的方式來了解孩子的目標，並幫助孩子分析實現目標需要做出哪些努力。

孩子有了目標，就有了方向，也知道自己的專注力應該放在哪裡，在學習上孩子會更有動力。

➤在家庭中營造學習氛圍

有的父母在監督孩子寫作業時，喜歡坐在一旁玩手機，這其實是一種很不好的行為。父母應該主動在家庭中為孩子營造學習的氛圍。比如，監督孩子寫作業時放下手機，拿一本書邊讀書邊監督孩子寫作業。或者每天留出一定時間作為家庭讀書時間，和孩子一起閱讀。如果父母愛讀書、愛學習，家中有濃厚的讀書氛圍，孩子也會受到這種氛圍的感染。

▼列規矩講原則，給予正面激勵

父母要為孩子定規矩，比如規定孩子放學回家後第一時間做作業，並定好完成作業的時間，如果孩子能按要求做到，父母可以給他們一些時間，讓他們做自己喜歡的事。

此外，父母還應該讓孩子學會整理自己的書桌和書包，將書本整齊擺放，把書桌和書包整理得乾淨整潔。如果孩子能夠整理好自己的書包和書桌，那麼他們在學習上也會做到井井有條、不丟三落四。

▼積極與老師溝通，了解孩子的學習狀態

父母應該積極和老師溝通，了解孩子在學校的學習情況。父母多和老師溝通有三大好處，第一個好處是可以及時掌握孩子的動態，了解孩子的學習情況；第二個好處是可以與老師配合，共同幫助孩子優良學習；第三個好處是可以讓老師加深對孩子的了解，在教育孩子的時候更有針對性。總之，負責任的父母都不會忽略和老師的溝通，因為家庭教育和學校教育是相輔相成的。

▼培養孩子的專注力

專注力是決定孩子學習效率的關鍵因素，如果孩子專注力強，他的學習效率就會很高，如果孩子的專注力弱，那麼他的學習效率一定很低。所以，父母要培養孩子的專注力，比如讓孩子保持書桌整潔，桌面上不擺放與學習無關的物品，以避免孩子養成邊學邊玩的壞習慣。孩子做作業和學習的時候，父母也不要打斷，讓孩子一氣呵成。

▼幫孩子樹立信心和勇氣

古人說「書山有路勤為徑，學海無涯苦作舟」，這句話告訴我們學習不是一件輕鬆的事，孩子會在學習的過程中遇到各種困難和挑戰。父母要幫孩子樹立信心和勇氣，幫孩子克服畏難情緒，教孩子勇於面對困難。當孩子成績不理想的時候，家長不要一味地責罵，而是要幫孩子分析原因，找到提升成績的辦法，讓孩子在不斷的進步中獲得信心和勇氣。

總而言之，如果孩子能養成良好的學習習慣，就能學得輕鬆、學得愉快，並在學習中獲得樂趣。解決孩子的學習問題，父母要做的第一件事，就是幫孩子培養好的學習習慣，這需要父母和孩子共同行動，並持之以恆地堅持下去。

第6章 樹家風：孩子的教養，源自父母的修養

孩子是家庭的一面鏡子，我們可以從孩子身上看到父母的修養和品格，這是因為孩子的教養，源於父母的修養。父母是孩子的第一任老師，父母應該以身作則，用自己的一言一行為孩子樹立好榜樣。

良好的家風，離不開父母的以身作則

《孟子》云：「刑于寡妻，至于兄弟，以御于家邦。」這句話的意思是只有以身作則，教育自己的妻子和兄弟，才能教育人民、治理國家。治家與治國的道理是一樣的，只有自己以身作則才能教育好子女。想要讓孩子養成良好的品行和習慣，父母就必須嚴格要

求自己。

有人說：「孩子是父母的影子。」的確，父母是孩子的第一任老師，也是孩子最好的榜樣，父母的一言一行會在潛移默化中影響孩子。因此，父母在對孩子提出要求之前，首先要衡量一下自己是否能夠做到。

一些家長在教育孩子時重「言傳」輕「身教」，只是一味地要求孩子，卻不能做到自律，這樣的父母不是孩子的好榜樣，也無法用自己的行動去感染孩子。無論是道德、思想還是行為，孩子都需要父母作為榜樣，如果父母在家庭中不能樹立典範，又怎樣營造家風、樹立規矩呢？

有的父母整天讓孩子認真學習、不准貪玩，但自己卻沉迷於各種遊戲和娛樂場所，甚至染上賭博、吸毒等惡習，試問這樣的父母能教育出愛學習的孩子嗎？還有一些父母要求孩子孝順，但他們自己卻經常喝斥老人；要求孩子具備禮貌素養，但自己卻滿口髒話、舉止粗魯，孩子看到這樣的行為後自然會有樣學樣。我們很難想像，沉迷賭博、酗酒的父母能夠教育出身心健康、品學兼優的孩子。

一、父母用言行說服孩子

小徐是一個小學三年級的孩子，他對老師說：「我媽媽只會要求我好好學習，我好難過。」老師聽了他的話很納悶，就問：「媽媽讓你好好讀書怎麼不好呢？」

小徐說：「媽媽天天說：『現在我讓你住大樓，等你長大有出息了，要買別墅給我，媽媽供你讀書不容易，你將來有本事了要賺錢給媽媽用，帶媽媽到國外生活。』」小徐嘆了一口氣，接著說：「媽媽自己都不好好上班，經常請假在家玩，還老是讓我好好學習。如果媽媽自己認真工作，我會很佩服她，向她學習，可是她總是說大人的事我不懂，為什麼她就不能想辦法改變自己呢？」

老師這才明白，小徐之所以難過，是因為他覺得媽媽在向他索取，媽媽對他的好是有「代價」的。身為成年人，我們當然明白小徐的媽媽這麼說，只是因為「望子成龍」的心情太過迫切。可是小徐年齡還小，不能真正理解媽媽的心情，在他看來，媽媽的想法是很功利的，而且傷害了他的感情。另外，小徐的媽媽並沒有給孩子一個好榜樣，她嚴格要求孩子，卻對自己很放鬆，這在孩子看來也是不公平、不合理的。

小徐的話讓老師很有感觸，生活中這樣的家長不在少數，他們的言行不一致，不僅會讓孩子困惑不解，也不利於孩子養成好習慣。因為，孩子會透過觀察父母的行為，了解到什麼事應該做、什麼事不應該做，並形成自己的行為準則。如果父母能在孩子的成長過程中以身作則，成為表率，那麼孩子就能養成好習慣和好品格。因此，父母應該嚴格要求自己，為孩子做個好榜樣。

有很多家長認為，孩子不應該質疑父母，只要聽話照做就行了。殊不知，用權威壓迫孩子只會讓自己在孩子心目中的形象和威信一點點被磨滅，當父母的威信不在，孩子就很難發自內心地尊重父母，這對於親子關係是非常不利的。而且，孩子小的時候父母還可以用權威壓迫他，但當孩子進入青春期以後這招就不管用了，孩子要麼劇烈反彈，要麼疏遠父母，這都是我們不想見到的結果。

所以，父母在嘗試改變孩子、要求孩子的時候，應該先改變自己。用自己的一言一行影響孩子，為孩子做榜樣。

二、父母用言行影響孩子

我之前參加過一場婚禮，印象尤為深刻，之所以讓我覺得深刻，是源於婚禮現場的一個小男孩。那天的婚禮現場，高朋滿座，氣氛溫馨融洽，參加婚禮的客人們都盛裝出席、彬彬有禮。婚禮司儀開始介紹這對新人，所有的人都停止了談話，認真地傾聽著。

這時，有一個打扮非常可愛帥氣的小男孩拿著一杯果汁在大廳跑來跑去，並且大聲叫喊，聲音之大已經高過了司儀的聲音。司儀感到有些尷尬，他笑著對這個小男孩說：「小朋友，你看起來很開心啊，今天叔叔阿姨結婚，你也為他們感到高興嗎？不過，我們先安靜地聽聽叔叔和阿姨的故事，等會兒再為他們慶祝，好嗎？」

小男孩聽了司儀的話，很快回到了媽媽身邊，大家以為他把司儀的話聽進去了，可沒過一會兒小男孩就又跑到了舞臺邊，踩爆了好幾個氣球，小男孩的舉動讓賓客們紛紛皺起眉頭，新郎和新娘的臉色也有些不好看了。可是，小男孩的媽媽既沒有阻攔也沒有指責孩子，而是一邊微笑地看著孩子，一邊悠閒地喝著飲料。

玩得十分興奮的小男孩抱起一個氣球向媽媽跑去，可是跑到一半就撞到了上菜的服務生，服務生閃躲不及，把手中的菜灑到了小男孩的身上，他「哇」地大哭起來，一邊哭一邊推打服務生說：「你把我衣服弄髒了，賠我衣服！賠我衣服！」

小男孩的媽媽也衝到服務生身邊大喊道：「你沒長眼睛啊！」

服務生為了息事寧人，立刻向他們道歉了，並表示願意賠償乾洗費。可是小男孩的媽媽不接受，並且要求酒店經理開除這名服務生。為了不影響婚禮正常舉行，酒店經理百般道歉和求情，賓客們也紛紛勸說，這個小男孩的媽媽才勉強作罷。

看到了小男孩媽媽的行為和表現，我就不難理解為什麼這個小男孩會如此無禮和驕橫了，因為他媽媽也是如出一轍。不難想像，他平時是怎樣「模仿」媽媽的一言一行的。善於模仿是孩子的天性，而父母又是他們身邊最親近的人，所以父母的一言一行，都是孩子模仿的對象，那些從父母身上學到的不良習慣，甚至會伴隨他們一生。

所以，父母一定要注意自己在日常生活中的點滴言行，要做到正直、誠信、禮貌、寬容，孩子在這樣的言傳身教下，才會成為一個有教養、有品德的人。

很多父母都明白這個道理，也學習過很多相關理論，但是在實際生活中，他們卻把教育理論拋到腦後，還是按自己習慣的方式來對待孩子。要做到知行合一，並不是一件容易的事情，身為父母，我們要時刻修煉自己，在日常生活中改變自己，讓自己成長，也帶領孩子成長。做父母，是一門需要終身學習的功課，讓我們從現在開始，為孩子改變，成為孩子的榜樣！

父母都應該記住：好的家風，離不開父母的以身作則。

家風營造，從好好說話開始

孩子是父母的「鏡子」，從一個孩子的舉止行為就能大致了解他的父母是什麼樣的人。這個結論放在別人身上，我們會說：「哎呀，真的是太準了。」可是放到自己身上就不置可否了。事實真的如此嗎？我們先來看看下面這個故事。

鄰居家的剛剛是個非常懂禮貌的孩子，鄰居們常常誇剛剛，說剛剛聽話、懂事，剛剛的媽媽也以兒子為傲。可是，上個週末，媽媽帶著剛剛回外婆家，剛剛在和妹妹玩耍時，媽媽聽到剛剛對妹妹說：「妳怎麼笨得像豬一樣，我都說了這麼多遍了，妳怎麼還是不會玩！」

媽媽很生氣，對剛剛說：「你怎麼可以罵妹妹呢！」剛剛很委屈，對媽媽說：「妳也罵過我笨得像豬一樣啊，為什麼妳可以罵人，我就不能呢？」媽媽突然想起來，前幾天剛剛有個英語句子一直讀不會，自己實在是不耐煩了，就罵了剛剛一句，沒想到被剛剛記住了。這一下，她終於體會到了什麼叫做「孩子就是父母的鏡子」。

很多時候，我們都能在孩子身上看到自己的影子，有好的，有不好的。身為父母，當我們發現孩子行為出現偏差時，首先要反省自己，是不是哪裡沒有做到位，而不是劈頭對孩子一頓罵。不管什麼時候，我們都要時刻注意自己的言行舉止，因為孩子的目光始終注視著你。

一、想讓孩子好好說話，父母要先做好榜樣

孩子一直在默默地關注著自己的父母，不管父母說什麼、做什麼，都會對孩子產生一定的影響。因為單純的孩子對這個複雜的世界是一無所知的，在他們的潛意識裡，父母的行為都是正確的，因此就會模仿。

假如父母是愛打扮的人，那麼孩子也一定會非常注重自己的儀容儀表；假如父母喜歡說人是非，孩子也會耳濡目染；假如父母行為粗魯，孩子也會變得十分暴躁，這是家庭教育的規律。

很多父母都會有這樣的想法：「孩子還小，他們懂什麼啊，我們大人講話，他們能聽得懂嗎？等他們長大了再教育也不遲。」其實，這種想法是錯誤的，研究顯示，孩子在胎兒時期就已經能對外界進行感知了，只是孩子小，語言表達能力還不夠完整而已。

身為父母，我們一定要時刻提醒自己，要始終注意自己的言行，以免對孩子造成負

面的影響。

教育界有這樣一句話：「孩子的心是塊奇怪的土地，播上思想的種子，就會獲得行為的收穫；播上行為的種子，就會獲得習慣的收穫；播上習慣的種子，就會獲得品德的收穫；播上品德的種子，就會獲得命運的收穫。」

可以這樣說，孩子一生的命運和父母的言行關係十分緊密。父母開朗，孩子也會樂觀；父母講禮貌，孩子也會尊老愛幼；父母勤勞勇敢，孩子也會充滿勇氣；父母相親相愛，孩子心裡也會充滿愛。因此，當父母發現孩子的言行很不恰當時，就應該警醒，自己哪裡做得不到位了？

教育孩子時，父母難免有耐心耗盡的時候。但是，在親子關係裡，父母不僅有權利，還有責任。想要解決孩子和父母之間的矛盾，關鍵還是在父母身上。孩子在受父母教育時，他們不會把父母的話當耳邊風，反而會記下父母說的每一句話。孩子的世界觀還不成熟，難免會犯錯誤，假如犯錯時，父母只會打罵而不引導，孩子永遠不知道自己錯在哪裡，以後還會變本加厲地犯錯。

在教育孩子時，父母一定要明確告訴孩子他們錯在哪裡，不要用粗魯的話語教育孩子，人身攻擊更要禁止。尤其是「你怎麼總是這樣！」、「你從來都不聽我的話！」這樣的話要少說，因為這樣說並不能讓孩子明白自己錯在哪裡，反而讓孩子覺得自己做什麼都是錯的，會打擊孩子的自信心。父母應該對孩子說：「玩了玩具要洗手才能吃零食。」而不是：「你怎麼這麼噁心啊，髒死了！」

父母是孩子的「鏡子」，孩子時時刻刻都會把父母當作自己學習的對象，因此，當孩子犯錯時，首先要保護好孩子的自尊心，然後對孩子進行引導，提出改正的意見，父母的言傳身教對孩子來說有著舉足輕重的作用。

想讓孩子溫柔說話，你得先做好榜樣。孩子是父母的「鏡子」，身為父母，我們要嚴格要求自己，才能為孩子塑造良好的榜樣，為孩子美好的未來奠定良好的基礎。讓我們努力做完美的父母，再優秀一點，我們的「縮影」才能變得更美好。

二、用「冷處理」代替惡語相向

釘釘的爸爸下班回到家後，發現自己放在書房裡的一部新手機不見了，他找了半天，最終才從臥室的床底下找到手機。可是他發現，手機螢幕上有一條細細的裂縫。

此時，他注意到坐在書桌前心神不定的兒子，很快把真相猜出個八九不離十。

釘釘爸爸把兒子叫過來問：「爸爸的手機螢幕是你弄壞的嗎？」

釘釘雖然心虛，但還是不敢承認，戰戰兢兢地說：「我不知道。」

爸爸說：「是你也沒關係，爸爸不罵你，只是想知道是誰弄壞的。」

釘釘低下頭說：「是我弄壞的，我想玩玩手機，可是沒拿好，手機掉在地上了……」

釘釘爸爸說：「承認了就是好孩子，螢幕弄壞了沒關係，我們還可以修好，但是你應該告訴爸爸媽媽。你今天把手機螢幕弄壞了沒什麼事，但是如果你哪天把水管弄壞了，流了很多水，怎麼辦？如果你點了火，家裡有東西著火了，怎麼辦？所以，犯了錯誤首先要告訴爸爸媽媽，爸爸媽媽會幫助你。」

釘釘爸爸沒有責罰孩子，而是循循善誘地引導孩子承認錯誤，並讓釘釘意識到，犯了錯不告訴父母的危害。

然而，現實中並不是所有父母都能像釘釘爸爸這樣。有的父母對孩子異常嚴厲，容不得孩子犯一丁點錯誤，每當發現孩子哪些地方做得不對，甚至不夠好，就嚴厲斥責孩子。長此以往，會得到怎樣的結果？

孩子一旦犯了錯，很有可能會產生恐懼感，腦子裡蹦出來的第一個念頭就是：「完了，爸媽知道了怎麼辦？」可能有一天，孩子闖下了天大的禍，父母卻是最後一個知道的。父母們千萬不要讓這種悲劇發生。

另外，還有些父母由於受傳統教育思想的影響，認為「嚴管出孝子」，要時時處處對孩子嚴厲一些。於是，他們不分青紅皂白地對孩子所有的錯誤都嚴厲指責，甚至有些父母生氣的時候口不擇言，對孩子惡語相向，絲毫不顧及孩子幼小心靈的承受能力……其實，這種做法很容易扼殺掉孩子對生活和學習的自發性、主動性、積極性。

身為父母，尤其要注意的是，懲罰孩子時最不應該採用的方式就是對孩子挖苦、諷刺甚至謾罵。因為這些諷刺挖苦和惡語謾罵已超越了孩子的感情能夠接受的範圍，將會對孩子的自尊心帶來很大傷害。

如果父母在責罵孩子的過程中無法控制自己的情緒和理智，口不擇言，讓「責」變成了「罵」，甚至為了罵而罵，這就背離了懲罰孩子的初衷，其結果只會適得其反，不但無法改正孩子的錯誤，反倒帶給孩子另外的傷害。

可以用「冷處理」代替惡語相向。父母在懲罰孩子的過程中，一定要牢記不能惡語相向，要知道我們的目的是幫助孩子改正錯誤，絕不是為了圖一時嘴巴痛快而去刺激孩子最敏感的自尊心。懲罰孩子要講究方式，責備孩子同樣也要講究用語，注意了這些，才能具備合格父母所必須具備的素養和能力。

三、說話時，給孩子解釋的機會

在大部分父母眼裡，孩子由於年齡小，缺乏認知和判斷能力，自己完全有理由替孩子決定一切，孩子也應該聽父母的話。甚至有父母認為，孩子的解釋和爭辯，是對父母權威的藐視。

如果父母這樣想，那就大錯特錯了。孩子雖小，但也是一個獨立的個體，有自己的思想和意識。父母不能自私霸道地以「你是我養大的，你就要聽我的」、「我是你父母，我有權利替你安排一切」這樣的想法來抹殺孩子替自己辯解的權利和機會。

換個角度想，其實給予孩子辯解的權利和機會也是大有益處的，這不僅可以鍛鍊孩子的膽量與口才，還可以讓孩子感受到民主與自由。長此以往，孩子就會變得自信、獨立，雙方之間的溝通也能建立在互相尊重的基礎上，親子關係也將得到改善。

就像德國心理學家安格利卡・法斯博士所說：「隔代之間的爭辯，對於下一代來說，是走上成人之路的重要一步。」在成長道路上，不管孩子犯了什麼錯，交談時，給予孩子爭辯的權利，聽聽孩子的內心想法和感受，都是十分必要的。唯有這樣，才能避免一些誤會，才能避免傷及孩子的自尊。

三年級暑假，朋友的孩子小德由於思念奶奶，便央求媽媽把奶奶接過來照顧自己一段時間。

奶奶來了之後，小德很是高興，每天的笑容都多了不少。這天，小德和奶奶去附近的公園玩，看見地上有一隻流浪貓，奶奶看著小貓覺得可憐，便決定帶回家養著。

晚上，小德媽媽下班剛進家門，便聽見客廳裡喵喵叫的聲音。

待走到客廳，看到沙發上昨天剛換的墊子被貓撒了一泡尿，小德媽媽怒氣沖沖地衝著旁邊看電視的小德說：「誰讓你把這隻貓帶回來的？你看，髒死了，趕緊把牠關到門外去，我可不想再見到牠。」

看到媽媽生氣了，小德忙解釋說：「這是我和奶奶在公園裡……」

不等小德說完，小德媽媽就搶話道：「不管是從哪裡弄回來的，總之，不能養動物。

萬一牠把你抓傷了怎麼辦？」

小德接著說：「媽媽，不會的，牠很溫順的……」

此時的小德媽媽根本聽不進小德任何解釋，不耐煩地說：

「總之，我說不能養就是不能養，不要再說了，最遲明天把牠送走。」

見媽媽不講道理，小德的倔脾氣也上來了，衝媽媽嚷嚷道：

「為什麼妳不尊重我的感受？為什麼我不能養？」

見小德反駁自己的命令，小德媽媽更生氣了，她大聲指責小德：「你這孩子，跟我還談尊重，告訴你，你是我生的，我說的話你就要聽，不聽話小心我揍你！」

見媽媽威脅自己，小德也不甘示弱地說：「打人是犯法的，父母不能打孩子。」

看到小德不聽話，還反駁得頭頭是道，小德媽媽覺得非常生氣，便順手拿起牆角的雞毛撢子朝小德的屁股和背上狠狠地打了幾下。捱打的小德一邊哭，一邊嘴裡嚷嚷著：「媽媽，妳不講道理，妳以大欺小，妳以強欺弱。」

小德說完便跑回房間去哭了。看著小德的背影，再看看眼前的這隻小貓，小德媽媽也坐在沙發上生起悶氣來。沒過多久，小德奶奶買完醬油回來了，看到小德媽媽滿臉的不高興，便追問了生氣的原因。

當知道母子倆剛剛因為收養的一隻貓起了衝突後，小德奶奶便連忙解釋：「妳錯怪小德了，這隻貓是我們在公園裡撿的，本想養幾天就送人的，可小德說把牠留下來，無聊的時候可以給我解悶。如果妳實在不喜歡，明天我就問問周圍的人，誰喜歡就送給誰。」

聽到奶奶的解釋，小德媽媽才發現自己錯怪了小德，由於自己的強勢與武斷，讓小德錯失了為自己辯解的權利和機會；為了維護自己的權威，便對小德的反駁感到憤怒，還動手打了孩子。

在家庭教育中，像小德媽媽這樣不給孩子解釋和爭辯機會的父母大有人在。他們總想著如何讓孩子聽話，卻從未給予孩子解釋的機會。

孩子也有自己的情緒和思想，為什麼他們受到無端的猜疑與誤解，就不能發表自己的真實想法呢？難道就因為他只是個孩子嗎？

如果僅僅是這個原因，就抹殺孩子替自己爭辯的權利，那也太不講理了。畢竟，分歧與爭辯是同時存在的。父母不能把孩子的解釋和爭辯看作是頂嘴和不聽話，如果抱持著這種思想去教育孩子，孩子日後就不會有膽量與勇氣表達出內心最真實的想法。

如果父母不想讓孩子變得沉默和怯懦，就不要說「你是我生的，我說的話你就要聽」等類似的話了。應在交談時給予孩子爭辯的權利，讓孩子在爭辯的過程中建立自信，成為一個有主見、有膽識的人。

為人父母，若想讓親子間溝通和諧順暢，想讓孩子自信勇敢，那麼就給予孩子爭辯的權利吧！當你這樣做了，你便會發現孩子會成長得越來越好，越來越優秀。

父母之間愛的氛圍，是孩子的安全感底色

在本節開始之前，我想問各位父母一個問題，如果孩子有選擇的權利，他們還會選擇你們做父母嗎？他們還會來到你們的家嗎？

我想有的父母可以很大聲很自豪地說：「會！」而有的父母可能會猶豫，然後充滿深深的自責，因為他們覺得自己沒能給孩子一個幸福、完整的家庭。

我提起這個話題，並不是要苛責那些單親家庭的父母，因為婚姻的幸福與否不是一個人能決定的，有時候分開也不失為一種明智的選擇，而單親父母也會以自己的方式給孩子最好的愛。我之所以說這番話，是想告訴各位父母一個重要的事實：婚姻關係是家庭關係的核心，父母相親相愛能帶給孩子莫大的安全感。

一、婚姻關係是所有家庭關係的核心

在很多家庭中，親子關係占據了其他情感關係的空間，孩子成了父母生活的重心。但是，別忘了婚姻關係才是家庭的核心關係。

因為婚姻是父母情感的歸宿，也是家庭幸福的根源。父母們不要忽略了那個將要陪伴自己最長時間的人——你的妻子／丈夫，只有經營好夫妻感情，孩子才能在充滿愛的環境中成長。

據我觀察，很多夫妻都在自己的婚姻問題面前選擇了逃避，任憑夫妻關係日益冷淡。夫妻之間感情不好，大人就會在不自覺間把負面情緒傳遞給孩子，甚至讓孩子夾在中間兩頭受氣。久而久之，家庭關係就會變得越來越惡劣。

在生活中，我們常常看到很多父母忍受著痛苦的婚姻，一直拖到孩子上大學後，甚至工作後才選擇分開。他們一面把生活中的痛苦和不快樂帶給孩子，一面又說「如果不是為了孩子，我怎麼會忍下去」。這些父母的心中有一個這樣的邏輯：要給孩子完整的家庭，為此可以犧牲父母個人的幸福。

不得不說，這些父母的想法很偉大，因為長期忍受不幸福的婚姻，真的需要很大的勇氣。可是父母們忘了，孩子也和他們一起，長期生活在不幸福的家庭裡。雖然孩子有一個形式上完整的家，有爸爸、媽媽，有穩定的經濟來源，但是在這個家裡，孩子體會不到父母之間任何的愛，也感受不到家人之間的溫暖和愛，孩子體會到的只有感傷、委屈和憤怒。長此以往，孩子很容易對婚姻產生不好的看法，他們會認為婚姻毫無價值。

如果想要讓孩子有幸福美滿的人生，首先要讓孩子相信，這個世界上存在幸福和美滿。讓孩子相信的最好方式就是父母認真經營婚姻，讓孩子看到、感受到平凡而幸福的家庭生活。

只有父母相愛，才能給孩子一個充滿愛的家，一個充滿安全感的成長環境。

二、相愛的父母，才能造就幸福的家庭

一對相親相愛的父母會帶給孩子怎樣的影響呢？

父母相愛，孩子也會更懂愛

夫妻間和睦的感情，是滋養家庭的泉源，不僅可以讓孩子浸潤在愛中，也會讓孩子更懂得如何愛人。

當母親得到丈夫的關愛時，她會變得更有魅力；當父親被妻子誇獎，他會變成孩子的保護傘和好榜樣。在這樣和睦的家庭關係中，孩子的性格會變得樂觀向上，也更懂得欣賞他人、讚美他人。

父母相愛，孩子更有安全感

父母相愛、家庭和睦，孩子的心裡會感到喜悅和滿足。更重要的是，父母相愛會讓孩子感受到來自父母共同的愛，而雙份的愛能給孩子足夠的安全感，會讓孩子變得勇敢、獨立。即使遇到了困難和恐懼，孩子也會因為父母的愛和家庭的溫暖而感到安全和安心。因為，家庭是孩子的依靠和後盾，孩子在成長的道路上也會更有底氣。

▼父母相愛，孩子更會與人交往

家庭是孩子最初的學校，父母之間的相處，會讓孩子學會人際關係的第一課。如果父母互敬互愛，孩子也會溫和有禮、樂觀自信。孩子的氣質和言行舉止中也會自然散發出積極和友好的態度，這樣的孩子更容易受到他人的喜愛和尊重。

而父母關係冷淡，經常爭吵、冷戰，甚至破口大罵，孩子的心中也會累積很多負面情緒，並在人際關係中表現得尖銳、冷漠或者暴躁。

家風可以代代傳承，幸福的家庭也可以一代代延續下去。因為父母相愛，為孩子樹立了健康的婚姻觀、家庭觀，孩子長大後也會像父母一樣用心經營自己的婚姻，對自己的家庭充滿責任感。

明智的父母，從不在孩子面前發牢騷

遇事發牢騷是一種非常消極的應對方法，它只能讓我們圖一時的痛快，但無法幫我們解決問題。發牢騷也是對他人情緒的一種侵害，父母在孩子面前抱怨，會把消極情緒傳染給孩子，而且會讓孩子感到有壓力。長期被父母的牢騷荼毒的孩子不僅膽小不自信，而且敏感多疑。因此父母最好不要經常當著孩子的面發牢騷。

可是，由於生存壓力越來越大，很多父母經常對著自己的孩子發牢騷：「你這個孩子一點也不乖」、「太不爭氣了」、「沒有一點上進心」、「太讓我失望了」……這些話語會深深地刺傷孩子的自尊心和自信心，即使是成年人，每天面對這麼多的負能量和批評，也會慢慢失去信心，更何況是孩子呢！

有些人把抱怨當成自己宣洩情緒的方式，如果只是為了發洩一時的不滿，偶爾抱怨倒也沒什麼關係，但是在孩子面前抱怨就不妥了。為什麼？看完下面這個案例，你就明白了。

小娟放學回家後很不高興，板著一張臉，媽媽追問後才知道，原來小娟考試沒考好。於是，小娟媽媽讓她分析一下自己沒考好的原因，誰知道小娟找了一大堆理由，比如考試題目太偏、同桌的同學打擾她學習、老師講得太快等。

聽了小娟的話，媽媽非常生氣，她忍不住對小娟說：「妳怪這個怪那個，怎麼不找找自己的原因呢？」

小娟立刻回嘴：「妳讓我反省，妳自己怎麼不反省呢？」

「是妳沒考好，又不是我沒考好，為什麼要我反省。」媽媽生氣地說。

「妳每天一回家就發牢騷，抱怨公司那些討厭的事，我聽得煩死了，哪有心情學習。」小娟理直氣壯地說。

小娟或許只是在找藉口，但是小娟媽媽真的應該反省一下，自己是不是在孩子面前發牢騷發得太多了。很多父母數落起孩子的問題，那是一天一夜也說不完，但卻很少反思自己的牢騷和抱怨對孩子帶來的影響。

有的父母經常在孩子面前發牢騷，抱怨自己的孩子沒有別人的孩子優秀，我認為這種抱怨和牢騷除了會加重孩子的心理負擔以外，沒有任何作用。

須知「人外有人，天外有天」，這個世界上優秀的孩子多得是，無論怎麼比都是比不完的。望子成龍、望女成鳳，是父母的心願，可是孩子的成材並不是比出來的。

而且可以肯定地說，每個孩子都不希望比別人差，他們都希望得到誇獎和肯定，尤其是來自父母的肯定。如果父母總是把自己的孩子拿來和其他孩子相比較，那麼只會產生兩種結果，要麼孩子會變得很虛榮，要麼孩子會變得不自信，這兩種結果都是不利於孩子成長的。

我們對孩子可以進行縱向比較，就是將孩子現在的模樣與過去的模樣進行對比，看看進步了多少。但不能把自己的孩子與其他孩子進行橫向比較，因為每個孩子都有自己的獨特潛能，這些潛能會隨著時間的推移逐漸顯現出來。橫向比較會扼殺孩子的潛力，而縱向比較不但能讓父母看到孩子的成長和進步，而且能讓孩子更有動力。

對孩子的不滿意並不是父母抱怨和發牢騷的唯一原因，職場壓力、生活瑣事、天氣惡劣、房價上漲、同事爭執等都有可能成為牢騷和抱怨的話題。生活中和工作中不順心的事有很多，如果事事都要抱怨和發牢騷，我們的心態遲早會失衡。

發牢騷和抱怨不僅不能解決實際問題，還會把壞情緒帶到實際生活中來，喜歡發牢騷的人會不自覺地把別人當成壞情緒的垃圾桶。一般來說，在家庭中充當這個「情緒垃圾桶」的人，不是伴侶就是孩子，時間一長他們也會受壞情緒的影響，家庭也會因此失去和睦。

所以，父母應該學會剋制自己的情緒，減少抱怨和發牢騷。如果不開心又無法找他人宣洩，可以試著聽一段舒緩的輕音樂，或者做做有氧運動，讓緊張的情緒逐漸得到釋放，讓自己的心慢慢平靜下來，行之有效地調節好自己的情緒。

此外，父母應該和其他家庭成員約法三章，不管遇到任何事，都不在孩子面前抱怨，有什麼事可以私下討論，不要讓孩子捲進父母的壞情緒中。

父母如果喜歡在孩子面前發牢騷，會讓孩子也養成這種壞習慣，當他們稍有不如意的時候，也會開始發牢騷；孩子做錯事時，也會發牢騷，抱怨其他人，並推卸自己的責任。所以，聰明的父母從不在孩子面前發牢騷。

父母的冷漠，是對孩子最大的傷害

童年對人的影響是持續一生的，幸福快樂的童年會成為我們一生的養分，而充滿痛苦和冷漠的童年會成為一生都無法癒合的傷口。關於童年的記憶，大多與父母有關，孩子童年是否幸福也與父母的態度息息相關。如果父母在孩子的童年時代對他們採取冷漠的態度，那麼孩子的情感需求就不會得到滿足，性格和心理也不會得到健康的發展。

才華橫溢的女作家張愛玲曾在《天才夢》中寫道：

「當童年的狂想逐漸褪色的時候，我發現我除了天才的夢之外一無所有——所有的只是天才的乖僻缺點。世人原諒瓦格涅的疏狂，可是他們不會原諒我。」

這句話說盡了張愛玲童年時代的遺憾與傷痛，她生在一個富裕的家庭，從小生活優渥，可是父母卻沒有給她足夠的關愛。張愛玲的父親是舊社會的紈褲子弟，母親卻是典型的新派女性，兩人看似門當戶對的婚姻卻沒有多少感情可言。由於父母之間感情淡漠，張愛玲從小就沒有得到過多少父母的關愛，她和父母的關係甚至不如和姨太太的關係親密。父母的冷漠讓張愛玲養成了極度缺愛、敏感、自卑的性格，這也為她後來的坎坷情路和孤獨人生埋下了伏筆。

父母的冷漠會深深地傷害孩子，並有可能讓孩子的性格產生缺陷。而人們常說「性格決定命運」，性格有缺陷的孩子在人生道路上會遭遇更多的挫折，也更不容易獲得幸福。父母們應該意識到，給孩子一個快樂而溫暖的童年，就是賦予孩子獲得幸福的能力。冷漠不僅會刺傷孩子幼小的心靈，還有可能讓他們錯失幸福人生。

為什麼有的父母會對孩子冷漠呢？原因是複雜的，有可能是因為對突然到來的新生命沒有期待；有可能是沒有做好當父母的準備，疏忽了孩子；也有可能是將自己的痛苦和怨恨轉嫁到了孩子身上。如果父母是出於這些原因對孩子冷漠，就要盡快調整自己的心態，尋求外界的幫助，不要在傷害自己的同時也傷害了孩子。

除了上述原因外，還有一個最普遍的原因，那就是父母錯過了與孩子建立親密關係的敏感期。很多隔代教養的兒童和他們的父母就屬於這種情況：孩子小的時候，父母要外出工作，只能由爺爺奶奶照顧，當爺爺奶奶年紀大了，無力照看孩子時，父母就要開始親自照顧孩子了。可是，此時的父母已經錯過了孩子的依戀敏感期，即使他們想和孩子建立親密的親子關係，也有心無力，因為孩子和父母之間已經產生了一層無形的隔閡。

當孩子和父母之間產生隔閡以後，如果父母不能充分地理解和應對這種情況，就會受到孩子負面情緒的影響，並成為對孩子冷漠的家長。為了避免這種情況發生，父母應該盡量多陪伴孩子，不要錯過孩子成長的關鍵期，並且要多學習與教育及心理相關的知識，正確處理自己與孩子之間的關係，不要讓自己的粗心和冷漠造成遺憾。

說了這麼多，冷漠父母養育大的孩子究竟會變成什麼樣呢？我認為，只有意識到後果的嚴重性，父母們才會真正重視孩子的心智成長，並注意自己的一言一行，不把冷漠和傷害帶給孩子。

一、冷漠父母養大的孩子缺乏愛的能力

愛與被愛，都是一門學問，而與父母的親子互動，是孩子人生中關於愛的第一課。如果家庭中的親子關係冷漠，那麼孩子就學不會如何愛人、如何被愛。這樣的孩子在長大後會表現出兩個極端，一個極端是極度缺愛，在婚姻和戀愛中表現出極度卑微和小心翼翼，即使再痛苦也無法脫離感情的漩渦；另一個極端是害怕被他人所愛，由於在童年時代沒有得到父母的關愛和照料，孩子長大後會對他人的愛保持高度警覺，當有人對他表達愛意的時候，他會不知所措，並且會選擇逃避。因為他們在原生家庭中沒有體驗過足夠的愛，所以也不會接納愛、回應愛，迴避依戀型人格就是這樣形成的。

二、冷漠父母養大的孩子不會掌控自己的情緒

感受情緒、表達情緒、控制情緒都是需要學習的，冷漠父母養育的孩子往往很難知曉和體會他人的情緒，別人歡笑、哭泣或情緒劇烈波動時，他們可能會感到莫名其妙。換句話說，他們的共情能力較弱。在與人交往的過程中，共情能力弱的人會給人冷漠的印象，他們的人際關係也會因此而受到影響。

在生活中，我們會遇到各式各樣的事，並會因這些事件而產生各式各樣的情緒。為了自己的身心健康，我們必須學會表達自己的情緒，如果不能宣洩負面情緒，我們會持續地受到傷害，如果不會表達快樂的情緒，我們就不會與他人分享幸福和快樂。可是，冷漠父母養育的孩子很難與人分享情緒，除非他們長大後有機會再次學習。

冷漠的父母很少與孩子互動，所以孩子無法從他們身上學習如何管理情緒。如果孩子不會掌控情緒，長大後就會成為別人眼中低情商的人。我們都知道，低情商的人很容易在生活、工作和感情中碰壁。

三、冷漠父母養大的孩子沒有安全感

缺少父母關愛的孩子很容易產生不安全感，而且這種不安全感會伴隨他們成長。不安全感會讓孩子在人際關係中走上兩種極端，一種極端是封閉自己，不允許任何人走進自己的心門，沒有任何可以深交的朋友；另一種極端是在人際交往中表現得非常焦慮，極端渴望親密關係，而且分不清人際交往的界線，經常做出讓人反感的「越界」行為。無論是封閉型還是焦慮型，這兩種人都不會建立很和諧的人際關係。

父母對孩子的冷漠就像一把利劍，刺傷孩子的心靈，也讓親子關係蒙上陰影。每一個孩子都渴望父母的愛和關懷，如果父母讓他們一次又一次地失望，他們就會在痛苦中把自己封閉起來，變得越來越小心、敏感和自卑，一旦這樣的性格形成，孩子的人生道路就會變得坎坷。

也許，受過冷漠傷害的孩子會透過後天的努力與自己和解，重新學會愛、擁抱愛，但是身為父母，我們為什麼不能給孩子多一點陽光，讓孩子的童年多一些幸福和快樂呢？父母的冷漠是一把雙刃劍，既傷了孩子又傷了自己，孩子是一棵幼苗，父母的愛就是最好的滋養。

第7章 傳家風：七大實用教育經，賡續育兒好傳統

父母在教育孩子的時候，應該唸好「德」、「護」、「度」、「嚴」、「鬆」、「寬」、「放」這七字真經，教會孩子如何做人，保護孩子心智，對孩子有嚴有愛，用民主的態度對待孩子，讓孩子在自由、寬鬆但有規矩的環境中成長。

「德」字經：教育的第一要務是德育

司馬光在《資治通鑑》中，把人分為了四種：第一種是德才兼備的聖人，第二種是德高才低的君子，第三種是無德有才的小人，第四種是無德無才的愚人。司馬光在分類時始終把「德」放在「才」的前面，可見一個人的德行有多麼重要。父母在教育子女時，也

應該把道德教育放在首位，可是有些家長卻只關注孩子的成績，忘了教孩子如何做人。

我有一個當老師的朋友，他講過一個笑話，可我聽了這個笑話卻一點也笑不出來。有一次，朋友在課堂上問自己的學生應該怎樣節約水資源，孩子們紛紛踴躍發言，有個孩子說：「如果我們看到水龍頭滴水，應該趕快把它關上，不要讓水浪費了。」這時，有個男孩大聲說：「老師，我媽媽說水管滴水的時候水錶不會走，不會浪費水，我媽媽每天都開啟水龍頭滴水。」

童言無忌，但是從這個男孩的話中，我看到了一個家庭道德教育的缺失和父母的壞榜樣。這個男孩的媽媽以為自己占了小便宜，但卻讓自己的孩子吃了「大虧」。想像一下，假如任由這種情況發展，不給這個男孩正確的引導，那麼他一定會逐漸養成自私、愛占小便宜的壞習慣，長大後也會成為一個無德之人。這個故事雖小，但卻發人深省，它證明了家風對孩子道德品格的重大影響。

在孩子的道德教育中，家庭是最重要的場所，父母是最好的老師。身為父母，我們應該在孩子小的時候就開始關注道德教育，在日常生活中潛移默化地教導孩子做人的道理，用自己的一言一行為孩子做出正面示範，在孩子的心中種下道德的種子。孩子長大後會進入學校和社會，遇到很多人和事，並漸漸形成自己的價值觀，但孩子從小所受的優良道德教育會始終扎根在心中，讓他們謹守做人的底線。

不過，父母在對孩子進行道德教育的時候一定要記得，時代是不斷發展的，對孩子的德育教育也應該緊跟時代步伐、符合社會變遷。而且，父母還要不斷學習和反思，用科學的方法去培養孩子的優良道德品格。

一、什麼是品德

說了這麼多，到底什麼是道德品格呢？一個擁有好品德的人具備哪些特徵呢？家長又要如何對孩子進行道德教育呢？

簡單來說，道德就是人應該堅守的原則和道義，也就是我們常說的禮、義、仁、信、孝、謙等品格。父母德育的第一守則就是告訴孩子哪些事可以做，哪些事不能做，哪些事是對的，哪些事是錯的。

如果父母沒有告訴孩子是非對錯，並對其無原則地縱容，孩子就會覺得自己是正確的化身，任何人都不能違背他的意願，而且還會習慣性地推卸責任。很多育兒書籍、教育理論都告訴父母們：要愛孩子、理解孩子、寬容孩子。可是，在教育孩子的過程中，只有寬容和理解是遠遠不夠的，父母必須引導孩子、幫助孩子，讓孩子懂得做人做事的基本準則。

有的父母對孩子的德育不以為然，他們認為孩子只要成績好，長大了有本事會賺錢就行了，可是，一個品德有缺失的人真的能活得一帆風順嗎？說不定哪天就會搬起石頭砸自己的腳。

一個人的眼界和格局與品德有關、與家風有關，父母的德育決定了孩子做人做事的態度，家風的薰陶決定了孩子人生的格局。教育孩子的第一要務就是品德教育。那麼，父母在家庭教育中應該怎樣唸好「德」字經呢？

二、如何培養孩子的好德行

父母應該從以下幾個方面入手，做好孩子的道德品格教育，培養孩子的好德行。

▼以身作則，當孩子的榜樣

有的父母很喜歡講道理，但他們沒有意識到，說和做是兩件事。如果父母浪費卻要求孩子節儉，父母不愛收拾卻要求孩子保持整潔，父母斤斤計較卻要求孩子寬容大度，父母說話不算話卻要求孩子信守承諾，孩子怎麼可能會服氣呢？

學校也會教導孩子德育，如果孩子發現，學校教的和父母做的完全不一樣，他應該相信誰呢？他還會對道德有敬畏之心嗎？父母在他心中的形象還會那麼崇高嗎？我在前文中曾無數次提到，父母教育孩子要以身作則，德育同樣如此。父母在塑造孩子優良品格的同時，也是在修煉自己。

說到父母以身作則，我的腦海中浮現出一件很久以前遇到的小事。有一次，我在路口等紅綠燈，一個孩子拉著媽媽準備過馬路，媽媽趕緊把孩子拉回來，對他說：「現在是紅燈，不能過馬路，我們不可以闖紅燈。」

孩子說：「只剩五秒鐘就是綠燈啦，現在也沒有車，我們為什麼不能過呢？」

這時，這位有智慧的媽媽說了一句讓我至今難忘的話：「紅綠燈不僅在馬路上，也在我們心裡，有些規則必須遵守。」我想那個孩子在媽媽的教育下，一定得到了自己心中的那盞紅綠燈。

這位媽媽為孩子示範的絕不僅僅是遵守交通規則，而是對規則和底線的堅守，她傳遞給孩子一個重要的訊息：規則在我們心中。

我們教導孩子德育的目的就是讓孩子把外在的規則、道德內化，變成自己的行為準則，這位媽媽的言行與德育的宗旨不謀而合。

德育應該從生活中的一點一滴做起，從父母的一言一行做起。

▼創造和睦、友愛的家庭環境

環境對一個人的影響是毋庸置疑的，在和睦、友愛的家庭中，孩子能看到父母是怎樣與人為善、寬容待人的，從父母的做法中，孩子也能學會與人交往的正確態度。而在充滿爭執和暴力的家庭中，孩子只能學會冷漠、暴力和欺騙，這對道德品格的養成是非常不利的。

和睦、友愛的家庭一定是溫暖的，如果孩子從小生活在溫暖而充滿愛的環境中，那麼他的內心一定會萌生出更多的善意，他也更願意對他人傳達善意。家庭環境冷漠的孩子則有可能因為缺乏安全感而封閉自己的心，讓自己變得尖銳而冷漠。

總而言之，想做好孩子的道德教育，營造良好的家庭氛圍是父母們必不可少的工作。

讓孩子做力所能及的家務

做家務和道德品格看似風馬牛不相及，但兩者之間卻有著潛在的連繫。讓孩子做家務一方面能讓孩子知道勞動艱辛，以免養成奢侈浪費的習氣；另一方面能讓他們了解父母的辛苦，培養感恩之心。

很多孩子在家裡是獨生子女，好菜一定是他先吃，好東西一定是他先用，花錢也是先考量他的需求，總之，家裡的任何人、任何事都要以他為優先。做家務就更不用說了，父母和爺爺奶奶包辦一切。孩子除了自己的功課以外，什麼都不用做。但是，這樣的獨生子女多半會變成小霸王，在學校裡也十分霸道，找到機會就要欺負同學。為了不讓孩子變成小霸王，父母有必要讓孩子分擔一些力所能及的家務，讓他們明白每個人都有自己應盡的責任和義務，也讓孩子學會正確地與家人和朋友相處。

讓孩子做家務的好處有很多，不僅可以培養孩子的勞動技能、動手能力、責任感，而且對孩子認知能力的發展十分有益。

▼帶孩子參加社會公益活動

父母可以帶孩子參加社會公益活動，參加這些活動能讓孩子增長見聞，更全面地了解社會，還可以培養孩子的愛心和同理心。在參與公益活動的過程中，孩子的交際能力、處理問題的能力也會得到提升。更重要的是，社會公益活動能讓孩子意識到，每個人都是社會人，都要對社會負責、對他人負責，在享受社會提供的便利時，也要為社會貢獻一份微薄的力量。

▼教孩子正確面對挫折和失敗

我的父親曾對我說：「人在一帆風順時，是看不出真正的修養的。在失敗或陷入困境時，仍然堅守底線的人才是真正有品德有修養的人。」的確，很多人在遇到挫折和失敗後，會被輕易擊垮，變得一蹶不振、怨天尤人，甚至突破底線、不擇手段。

父母要教孩子學會正確面對失敗和挫折，讓孩子在失敗中領悟公平和正直的價值，在挫折中了解友誼與陪伴的珍貴，在不斷跌倒和爬起的過程中，懂得成功不是天經地義的，失敗也不是命中注定的。只有這樣孩子才能學會堅守自己內心的底線，感恩別人的善意和付出。

德育是教育的第一要務，父母應該肩負起這個重大責任，用自己的智慧和言行去引導孩子，讓孩子養成優良的道德品格。

「護」字經：呵護孩子心智，讓孩子擁有健全的人格

人生漫長，父母不可能永遠陪在孩子身邊，有些事，只能孩子一個人做；有些難關，只能孩子一個人闖；有些路，只能孩子一個人走。

當孩子還小的時候，父母可以時時刻刻守護在他們身邊，為他們遮風擋雨。可是當孩子長大了，要離開父母獨自上路的時候，父母要拿什麼保護他們呢？答案是：健全的人格。

從小呵護孩子的心智，讓孩子擁有健全的人格，就是父母給孩子最好的保護。著名的心理學家阿德勒曾說過：「培養孩子健全的人格，這才是教育孩子的首要目的。」擁有健全的人格，孩子的人生之路會更加順暢。

那麼，父母應該怎樣做，才能培養孩子的健全人格呢？

一、呵護孩子的自尊心，讓孩子學會自尊自愛

呵護孩子的自尊心，有助於培養孩子的完整人格。但是，很多父母在這方面做得不夠好，不懂得尊重孩子，信奉「棍棒底下出孝子」，把孩子的自尊放在地上踐踏。我曾經不止一次見過這種令人揪心的情景。

有一次，我路過一家雜貨店，這家店的老闆娘對著自己的女兒大喊：「回來吃飯！」可是小女孩和夥伴們玩得太投入，沒有聽到媽媽的話。

於是，老闆娘氣勢洶洶地衝到女兒面前，狠狠地拍了她幾下，對她吼道：「喊妳回來吃飯，妳耳朵聾了嗎！」在場的孩子全都嚇壞了，老闆娘的女兒只能尷尬又憤怒地離開了。小女孩走後，旁邊的孩子們小聲嘀咕：「她媽媽好嚇人啊，我都不敢跟她玩了。」

小時候，我的鄰居也和這位老闆娘一樣喜歡當眾打罵孩子，他的孩子長大後變得比較自卑，做什麼事都畏首畏尾。父母隨意當眾打罵孩子，會嚴重傷害孩子的自尊心，並讓孩子逐漸產生自卑心理，這是非常不利於孩子成長的。

「沒有自尊的人，幾近於自卑。」自尊的對立面就是自卑，剝奪孩子的自尊，就會造成他們的自卑，而內心充滿自卑的孩子是無法快樂地成長的。那麼，父母要怎樣保護孩

子的自尊心呢？答案是：給孩子充分的尊重。

一個不被尊重的人，很難有自尊，因此，在孩子的兒童時代，父母就要尊重孩子，培養孩子自尊和自愛。健全的人格離不開自尊，由於心智不成熟，孩子的自尊是非常脆弱的，父母一定要悉心呵護。

二、培養孩子的自信心，讓孩子更有勇氣

每個人都有渴望被認可的需求，來自他人的肯定能讓我們更加自信和積極。可是，受傳統文化的影響，多數父母很少直接肯定孩子。要知道，父母的肯定對孩子來說就像是陽光，還可以幫他們驅散內心的陰霾，變得越來越自信。

父母的肯定是孩子自信心的重要來源，被父母質疑和指責的時候，孩子會感到孤獨和不自信。這種孤獨和不自信容易導致父母和子女之間產生溝通障礙，甚至還會讓孩子產生心理問題，進而做出偏激的行為。所以，聰明的父母都善於鼓勵孩子，給孩子自信。

美國奇異的前 CEO 傑克·威爾許小時候有口吃的毛病，他自卑極了，但他的媽媽卻

說：「這是因為你的嘴巴跟不上你聰明的腦袋。」我想，如果沒有媽媽的肯定和鼓勵，傑克·威爾許的人生說不定會是另一番模樣。

在父母肯定和鼓勵下長大的孩子，會更有自信、更有勇氣，也更加勇於挑戰。

三、保護孩子的好奇心，教孩子熱愛生活

如果一個成年人能保持好奇心，是一種莫大的幸福，因為好奇心會讓我們對生活充滿熱情，對未來保持期待。可是，很多人的好奇心在童年時代就被磨滅了，而抹殺孩子好奇心的最大「幫凶」就是父母。

如今，有很多父母都是「低頭族」，一回到家裡就埋頭滑手機，既不陪孩子學習，也不花時間帶孩子出去玩，培養孩子探索的興趣。父母應該多帶孩子玩，讓孩子嘗試不同的東西，開闊他們的眼界。有些父母認為，自己忙於工作，沒有時間和精力帶孩子到處旅遊。其實，日常生活中也有很多有趣的事物，只要我們有一雙善於發現的眼睛，就能帶領孩子領略生活的樂趣。

說到這裡我想起了著名主持人和記者吳小莉的母親，吳小莉在一次採訪中提到了關

於媽媽的一件小事。吳小莉說她的媽媽是一個熱愛生活、充滿好奇的人，為了讓女兒了解颱風，媽媽會特地帶著女兒站在陽臺上看颱風，即使被風吹雨打，也要讓孩子親眼看看颱風的樣子，親身感受一下颱風天到底是什麼樣的。

母親的好奇心和對真實的追求，深深地影響了吳小莉，當吳小莉成為一名新聞工作者以後，她對新聞品質的要求始終精益求精。

在生活上，吳小莉也在母親的影響下成了一個熱愛生活、勇於探索的人。

吳小莉母親的做法可以帶給我們很多啟示，保護和培養孩子好奇心的最好方法就是讓孩子親身體驗。父母可以從小事做起，比如帶孩子去公園、郊外，親近大自然；和孩子一起參觀博物館、美術館，接受藝術和歷史的薰陶；帶孩子去菜市場、超市，了解真實的生活。

最重要的是，父母也應該和孩子一樣，對世界保持好奇心，做一個熱愛生活的人，並把這份熱愛傳遞給孩子。

四、給孩子足夠的關注，讓孩子充滿安全感

一個人是否有安全感，與他的童年經歷緊密相關，長期得不到父母關注的孩子會非常缺乏安全感。缺乏安全感的人很容易受外界影響，並做出不明智的決定。

我有一個同學，他的家境不是很好，小時候父母忙於工作，很少關注他，而且經常在他面前哭窮。這給了他很大的心理壓力，他的內心深處也產生了強烈的不安全感。大學期間，他為了賺取學費和生活費，每天都不停地打工、做兼職。由於內心的不安全感，他急於賺一大筆錢，打工已經滿足不了他了。後來，急於賺錢的他被騙子盯上了，不僅沒有賺到錢，還背上了一身債務。畢業後的幾年，他一直在還債，生活幾乎陷入了泥沼。

我的這位同學由於缺乏安全感，所以拚命追求物質，因此讓自己陷入了困境。安全感能增強人對外在的把持能力，能讓人更加坦然地面對生活。

人格決定了我們適應社會的能力，健全的人格可以讓我們更全面地了解自己、了解他人，也可以讓我們更輕鬆地適應社會。所以，父母應該從小呵護孩子的心智，幫助孩子形成健全的人格。

「度」字經：慣子如殺子，最好的愛一定是克制的

近年來，「熊孩子」在網路上引發了許多討論，大家一方面對「熊孩子」的所作所為感到氣憤，另一方面也指責「熊孩子」家長的疏於管教。看了這麼多「熊孩子」的故事，大家一致認為，每個「熊孩子」背後都有一個「熊家長」。

這些「熊家長」在養育孩子的過程中沒有把握好「度」，對孩子溺愛，殊不知，溺愛反而會害了孩子。俗話說「慣子如殺子」，不加克制的愛對孩子來說並不是一件好事，父母對孩子最好的愛一定是克制的。

有一次，我在社區散步，看到兩個孩子打架，一個孩子扇了另一個孩子耳光，最令我吃驚的是，那個打人的「熊孩子」的媽媽竟然無動於衷，她既沒有阻止自己的孩子打人，也沒有向被打的孩子道歉。

被打孩子的奶奶看不下去了，她上前找那個「熊孩子」的媽媽理論，誰知那位媽媽卻不以為意地說：「小孩子之間打鬧很正常。」被打孩子的奶奶實在氣不過，就對自己的孫子說：「他打你，你也打他，奶奶給你撐腰。」兩個孩子立刻動手打了起來，這次，打人

的「熊孩子」被打得很慘。最後，這兩家人鬧得很不愉快，大人之間也結下了梁子。

很多人在面對父母放任的「熊孩子」時都感到無可奈何，只好安慰自己「以後社會會教育他」。這句話其實不無道理，因為每個人終究會走入社會，如果「熊孩子」進入社會後依然不改橫行霸道的作風，那麼他總有一天會栽跟頭。因為，社會上的其他人沒有義務也沒有責任去遷就他、原諒他。

面對孩子的不當行為，父母們一定要嚴格管教，否則孩子長大後會因此付出代價。父母在教養孩子的過程中，一定要拿捏分寸，避免溺愛和放縱。

一、溺愛，是一種傷害

愛自己的孩子是每個人的天性，但溺愛反而會傷害孩子。父母對孩子的溺愛是一種不健康、不理智的教育方式，溺愛會影響孩子的身心發展，帶給孩子以下危害。

➤ 產生自我中心化傾向

有的父母把自己的滿腔情感都傾注在孩子身上，這不僅會讓家庭關係失衡，還會讓孩子產生自己是家庭中心的錯覺，認為大家都應該圍著自己轉。還有的父母不捨得孩子受一點委屈，只要孩子與人發生摩擦，就不分青紅皂白地維護孩子，這會讓孩子認為自己是絕對正確的，並習慣於把責任推給別人。長此以往，孩子會變得極端以自我為中心，不考慮他人的感受，缺乏責任感。

失去獨立能力

心理學家研究發現，受溺愛長大的孩子更容易發生統感失調（又稱學習能力障礙，可透過訓練糾正）。之所以會發生這種情況，是因為父母的溺愛剝奪了孩子獨立自主的機會，慢慢地，孩子就習慣了不動腦筋或依靠別人。溺愛會讓孩子失去獨立自主的能力。

承受挫折的能力差

溺愛型的家長有一個最大特點，那就是無原則地滿足孩子任何要求。這樣做會讓孩子覺得自己的任何需求都必須被滿足，自己做任何事都會一帆風順。這樣的溺愛和縱容會讓孩子經不起一絲挫折。這樣的孩子只要遇到一點小挫折，就會馬上變得悲觀消沉，甚至喪失生活的勇氣。

▼ **難以養成好習慣**

有的父母溺愛孩子，什麼都順著孩子的喜好，只要孩子喜歡，就不加管束。這種做法非常不利於好習慣的養成。合格的父母應該替孩子立規矩，幫孩子培養好習慣。

▼ **不利於學校教育**

受到溺愛，養成唯我獨尊性格的孩子在學校和幼稚園容易和其他孩子發生衝突，而且會因為霸道任性而受到老師的批評。而溺愛型的家長大多對別人的批評很反感，因此，老師的教導也很難實行。

學校教育和家庭教育應該是相輔相成的，如果家長一味偏袒孩子，不配合老師工作，將對孩子成長造成非常不利的影響。

二、父母應避免的八大「慣子」行為

父母在日常生活中應該怎樣避免溺愛孩子呢？下面，我為大家總結出了八大「溺愛陷阱」，父母們可以根據這八點，看看自己在生活中是否犯了溺愛孩子的錯誤。

特殊待遇

特殊待遇就是把孩子的地位放在家庭中的第一位，好東西首先留給孩子吃，任何事都以孩子為先。比如，在有的家庭中父母和爺爺奶奶都可以不過生日，沒有生日禮物，但是孩子必須過生日。這就是典型的特殊待遇。

當面袒護

爸爸在批評孩子的時候，媽媽拚命護著孩子，爸爸媽媽想教育孩子的時候，爺爺奶奶站出來袒護，這些都屬於當面袒護。

輕易滿足

孩子要什麼，父母就給什麼，絲毫不考慮實際情況。有的父母還會給孩子大量零用錢，這會讓孩子養成奢侈浪費的習慣，不能吃一點苦，遇事也不懂得忍耐。當然，不輕易滿足不是無視孩子的需求，家長應該自己把握好分寸，既不要對孩子過於嚴厲，也不要無條件縱容。

▼ **生活無規律**

不替孩子定規矩，讓孩子想做什麼就做什麼也是一種溺愛。家長應該培養孩子規律的生活習慣，讓孩子按時睡覺、吃飯、玩耍，要知道不規律的生活很容易讓人養成懶散的生活態度。為了讓孩子生活得更積極上進，父母一定要合理規劃孩子的生活作息。

▼ **央求哄勸**

有的父母會哄著孩子吃飯，求著孩子學習，和孩子談條件，比如答應孩子看完電視再吃飯，做完作業就給零用錢等。這種做法會讓孩子變本加厲，做事越來越拖延，性格越來越驕縱。如果父母想讓孩子成為一個有責任心、性格落落大方的人，就要拿出必要的魄力和威嚴。我們可以和孩子平等交流，但不能無原則妥協。

▼ **包辦代勞**

許多父母出於對孩子的溺愛，會包辦孩子的所有事，吃飯、穿衣等小事都不讓孩子自己做。父母包辦代勞的結果，就是孩子的自理能力差、社交能力差、責任感缺乏，而且孩子長大後也會難以獨立。

大驚小怪

孩子天生愛探索，充滿好奇心，他們不怕水、不怕黑、不怕髒、不怕摔跤，可是後來他們什麼都怕，這都是因為父母喜歡大驚小怪。比如，孩子摔倒後父母驚慌失措，怕孩子受傷，不讓孩子離開自己半步，這樣只會讓孩子變得越來越膽小。

遷就依從

有的父母怕麻煩，害怕孩子哭鬧，就會選擇無原則地遷就孩子。長此以往，孩子就學會了用哭鬧、不吃飯要挾父母。應對孩子的哭鬧和要挾，是對父母能力的考驗，父母應該多學習育兒知識，用自己的智慧說服孩子，幫孩子改掉不好的習慣，而不是一味地遷就依從。

溺愛，不是真正的愛，每個孩子都是一棵幼苗，迎接外界的陽光雨露後才能成長得更茁壯，父母千萬不要讓溺愛剝奪了孩子的生命力。

「嚴」字經：沒有規矩，不成方圓

曾有家長向我諮詢：「孩子暑假整天瘋玩，從來不學習，開學前才開始抄作業，怎麼辦？」

我的回答很簡單：給孩子一個教訓，讓他長記性。很多父母都覺得這個方法太簡單粗暴，我們應該用愛感化孩子，不應該使用暴力，也不應該過於嚴厲。

一直以來，我們都強調科學育兒，關注孩子的心理，當代的父母也都接受了這些觀點。可是有些父母卻矯枉過正了，他們認為孩子打不得也罵不得，管教也不宜過於嚴厲。

可是，我的觀點是，如果孩子的行為太出格，父母一定要嚴加管教。而且，還要為孩子立規矩，約束他們的言行。最適度的教育應該是有嚴也有愛的。

一、教育孩子，要有愛有嚴

教育孩子要有嚴有愛，嚴就是讓孩子有規矩，知道什麼該做，什麼不該做；愛是講究教育方法，保護孩子自尊，關懷孩子的心靈。俗話說「沒有規矩，不成方圓」，父母應該從小培養孩子的規則意識，當孩子違反規則後，要給予相應的批評和懲罰，並且要讓孩子承擔後果，只有這樣才能讓孩子成為一個有擔當的合格社會人。

在為孩子灌輸規則意識的時候，父母要讓孩子遵守規則、明白規則的意義，但是不要用規則控制孩子，更不要企圖用規則來代替教育。在進行規則教育時，父母最好能夠結合實際生活，讓孩子能更深刻地理解規則。另外，當父母為孩子制定規則後，最好不要隨意更改，因為這樣會讓孩子無所適從。

教育學家提出過這樣一種說法：不為孩子制定規則，是一種暴力行為。這句話要怎麼理解呢？我們都知道，法律能夠制約權力，而規則也同樣制約強權，如果沒有規則，父母會很自然地對孩子採取不平等的支配行為。

比如，父母為孩子制定了一條規則：每天晚上七點到八點可以看一小時電視節目。這條規則不僅制約著孩子，同時也制約了父母。如果沒有這條規則，那麼孩子能否看電視節目就完全取決於父母的心情，父母高興了，孩子就多看一會兒，父母不高興了，孩子就不能看。

教育孩子要立規矩，但規矩不能隨心所欲地制定，要結合孩子的實際情況。如果父母能做到對孩子有嚴有愛，那麼家庭教育就成功了一大半。

接下來，我們一起來看看，應該怎樣為孩子立規矩。

二、怎樣為孩子立規矩

一個忙碌的週一早晨，爸爸出門上班了，媽媽也準備送依依上學。可是，出門的時間就快到了，依依卻穩穩地坐在桌前慢吞吞地吃早餐，媽媽著急地催促道：「依依，快點吃，再不快點媽媽就要遲到了，如果遲到了會被開除的。」

依依根本不當一回事，還是慢慢地「品嘗」著碗裡的麵條。媽媽生氣了，說：「妳這個孩子太不懂事了，專門找我麻煩。」

晚上，爸爸下班回家了，媽媽告訴了他早上發生的事，於是爸爸也加入了指責依依的行列，他說：「媽媽工作這麼忙，還要送妳上學，妳還不配合媽媽，真是太不懂事了，再這樣爸爸媽媽不要妳了。」

我相信，很多家庭中都上演過類似的場景，這個場景傳遞給我們兩個問題：第一，依依的父母沒有替孩子立好規矩；第二，父母和依依的溝通方式不理想。

下面，我將結合這兩個問題來談談如何替孩子立規矩。

給孩子一個明確的標準

依依的媽媽只告訴她「快點吃」和「要遲到了」，但並沒有告訴孩子怎麼個快法，要在幾分鐘內吃完，什麼時候出門。這些具體的要求她都沒有說，沒有給孩子一個明確的標準。

依依媽媽可以這樣跟孩子說：「依依快吃，五分鐘後媽媽就來收碗了，到時候就算沒吃完也不能吃了。」

說明真正的後果，不要嚇唬孩子

依依的媽媽嚇唬孩子「遲到了會被開除」，可是她每天都這麼說，卻沒有真的被公司開除，依依當然不會把她的話當回事。而且，孩子對「開除」是沒有概念的，他們甚至巴不得媽媽不上班在家裡陪自己，所以，父母應該明確地告訴孩子後果，不要嚇唬孩子。

依依媽媽可以這樣說：「如果時間到了妳還沒吃完，就不能吃了。」

▼指責和懲罰要及時

依依爸爸下班後又一次指責了依依，我認為這種指責是無效而且滯後的。孩子比較沒記性，早上發生的事，晚上可能就忘了，這時候再指責孩子，他們可能會不理解並感到十分委屈。因此，指責和懲罰一定要及時，只有這樣才能讓孩子理解並記住。

▼懲罰要合理，不要威脅

依依爸爸對孩子說：「再這樣爸爸媽媽不要妳了。」這是不切實際的威脅，不僅無法發揮懲罰的作用，還會讓孩子產生被拋棄的感覺。依依爸爸可以這樣說：「如果下次吃飯再這麼慢，晚上就不能喝果汁。」這樣的懲罰是合理而且具體的，孩子也明確了自己違反規則的後果。

▼當時能解決就不要反覆指責

孩子吃飯慢只是一件小事，媽媽完全可以當時就解決這件事。

可是，她卻把這件事告訴了爸爸，讓爸爸再次指責孩子。這樣不僅有可能讓孩子受到二次打擊，還會讓孩子覺得媽媽沒有威信，因為她什麼都要靠爸爸，不能獨立教育自己。

替孩子立的規矩要簡單、具體

孩子的理解能力有限，自控能力也不強，過於複雜和籠統的規矩會讓孩子難以理解。比如，「收拾房間」這條規則就太籠統了，孩子可能會覺得無從下手，父母可以把這條規則改成「地板上的垃圾收乾淨」、「衣服疊好放衣櫃」、「床上的被子疊好」等。

解釋道理，不大吼大叫

父母替孩子立規矩時要說清楚道理，不要以為孩子小就什麼都不懂。父母說的道理也許他們不能完全領會，但是他們能感受到父母尊重自己的態度，並因此順從父母的要求。

如果道理實在講不明白，父母應該溫和地告訴孩子：「這就是規定，大家都是這麼做的，我們也應該遵守。」

藉助故事和遊戲讓孩子接受規則

父母應該充分運用自己的智慧，把規則融入故事或小遊戲中，讓孩子在輕鬆的氛圍裡理解規則，明白規則的意義。為了孩子的健康成長，父母應該多動腦筋、多花心思。

孩子的規則意識必須從小樹立，父母教育孩子不能只有愛沒有嚴格的規矩，有時候對孩子嚴一點反而是一種愛的表現。

「鬆」字經：教孩子之前，先學會民主

古人說：「一張一弛，文武之道也。」教育孩子同樣要張弛有度。很多父母在教育孩子時不允許孩子違背自己的意志，要求孩子什麼都聽自己的。這種教育方法就是把家長的想法強加在孩子身上，並且不允許反抗，這無疑會造成反效果。

父母在教育孩子的時候不應該步步緊逼，要給孩子一些空間，多聽聽他們的想法。用所謂成熟的思想干涉孩子的選擇，對孩子的興趣愛好視若無睹，這樣的做法對孩子的心理打擊是非常大的。

一、尊重孩子的興趣和想法

婷婷非常喜歡唱歌，並且具有一定天賦，老師將她選入了學校合唱團。而婷婷的媽

媽則出於讓孩子報考藝校的目的，幫她報了美術集訓班。婷婷更喜歡唱歌，她總是利用自己的業餘時間練習唱歌。

有一天，婷婷在家裡練習唱歌，媽媽聽到後，大聲喝斥她：

「唱得這麼難聽，有時間還不多練練畫畫！」

這樣的喝斥對婷婷來說簡直是家常便飯，她只能無可奈何地拿起畫筆。可是婷婷並不喜歡畫畫，媽媽的行為讓她感到不解，她不知道媽媽為什麼總是讓她做一些不喜歡的事。由於受到消極情緒的影響，婷婷的學習成績變得越來越糟糕。

很多父母都像婷婷的媽媽一樣，喜歡把自己的喜好強加給孩子，一廂情願地逼迫孩子做他們不喜歡的事，而且容不得孩子拒絕，孩子稍有反抗，就非打即罵。失去選擇權的孩子怎麼可能有積極上進的心態呢？

也許，父母認為自己是為了孩子好，但是尊重孩子的興趣和想法是很有必要的，父母即使不支持孩子的興趣愛好，也不應該粗暴地打壓。

俗話說「強扭的瓜不甜」，父母一味逼迫孩子會讓親子關係日益疏遠，還有可能會引起孩子的叛逆心理。因此，父母應該學會尊重孩子的意願，給孩子一些獨立空間，不要把孩子逼得太緊。聰明的父母都懂得發揚民主精神，與孩子平等溝通，用巧妙的方法與孩子達成共識。

二、怎樣做一個民主的家長

強迫孩子做他們不喜歡的事，只會適得其反。孩子喜歡的是懂得尊重他們的父母，願意與他們平等對話的父母，民主的父母。

不過，做一個民主的父母並不是一件容易的事，你必須做到以下幾點，並長期堅持下去。

▼傾聽孩子的心聲

父母要經常找機會和孩子溝通，傾聽他們的心聲，加強對孩子的了解，多聽取孩子的意見，讓孩子學著自己做決定。只有這樣，孩子才會願意向父母敞開心扉。

▼為孩子創造機會

父母可以把自己的經驗提供給孩子，但不要替孩子做決定，應該讓他們自己做出選擇。此外，父母還應該多為孩子創造條件和機會，讓孩子做一些自己感興趣的事，說不定孩子會從興趣中找到自己努力的方向。興趣是最好的老師，它能激發孩子的熱情和積極性，還可以開發出孩子的潛力。

給孩子說話的權利

有的孩子在家庭中沒有絲毫說話的權利，凡事都是父母說了算；還有的孩子在家裡「一言九鼎」、「說一不二」，父母都要聽他的。事實上，這兩種情況都過於極端，父母應該在家庭教育中加強民主，多徵求和採納孩子的意見，如果孩子說得對，就給予鼓勵，如果孩子說得不對，則可以和孩子共同討論，讓孩子明確利弊。

給孩子選擇的機會

父母在教育孩子時，要給孩子選擇的機會，這樣才能展現民主。比如，父母在買東西時，可以讓孩子來選擇顏色和款式，或者讓孩子選擇自己喜歡的玩具和書籍，再或者讓孩子選擇自己的興趣愛好和理想，家長不強行干涉。

▼給孩子獨立的空間

每個人都需要心靈的空間和生活的空間，這樣才能促進身心的健康發展，父母應該給孩子一個獨立的空間。比如，為孩子準備一個房間，或者為孩子布置一張專屬書桌，讓孩子可以在獨立的空間裡做自己的事。

孩子的人生之路終究需要自己去走，為孩子準備一個獨立空間，是讓孩子有獨自體驗、獨立思考的機會。

民主的教育值得提倡，但是民主不代表任何事都可以協商，有些原則性問題，父母一定不能退讓。我們要知道，孩子有自己的局限性，看問題往往比較片面，所以，重大問題必須由父母和其他家庭成員共同討論才能決定。

「寬」字經：允許孩子犯錯，讓孩子在接納和安全感中健康成長

每個人都免不了犯錯，但是犯錯不要緊，只要願意改正，就會在其中獲得成長和進步。

可是，面對不斷犯錯的孩子，很多父母輕則罵之、重則打之。他們難以容忍孩子的錯誤，總是抱著求全責備的態度，經常因為孩子的一點小錯就訓斥和打罵孩子，帶給孩子心靈沉重的壓力。

一、父母要允許孩子犯錯

小虎喜歡打籃球，有一次他和幾個小夥伴一起打籃球時沒有控制好，籃球飛了出去，並且砸到了一個小朋友，小朋友的頭很快腫了起來。這個小朋友和小虎住在同一個社區，晚上，小朋友的媽媽找到了小虎家裡，對他的父母說：「你家孩子打籃球打到我家孩子的頭了，你看，腫了一個大包。」

小虎立刻緊張地說：「阿姨，對不起，我不是故意的。」他竭盡全力地表達自己的歉意。

可是，小虎的媽媽卻不接受，她大聲訓斥小虎：「你打個籃球都能把人家的頭砸了，你說說你還能幹什麼？真丟人！」

「媽，我不是故意的。」小虎小聲說。

「你還敢還嘴？！下次再打到人，你以後就別打籃球了。」小虎媽媽指著他的鼻子叫道。小虎被媽媽說了一頓，傷心地躲進了自己的房間。

「孩子不懂事，您見諒，孩子傷得嚴重嗎？要不要去醫院看看？」小虎媽媽又向那個孩子的媽媽道歉。

那位媽媽不知所措，她沒有想到小虎的媽媽會做出這樣一番舉動。

小虎的媽媽因為孩子的無心之過而武斷地訓斥他，這樣的做法只會深深地傷害孩子的自尊心。如果小虎媽媽能夠寬容一些，明白打籃球也是有危險性的運動，不嚴厲斥責小虎，而是提醒小虎下次注意，事情就不會變成這樣了。

每個成年人都是在犯錯中成長的，孩子也不可能做到十全十美，如果父母因為孩子的一點小錯誤就對孩子嚴厲斥責，甚至施加暴力，就會使孩子的心靈受到摧殘。父母要理解孩子身上的不足之處，允許孩子犯錯誤，並教會孩子勇於承擔自己的責任。

犯錯並不可怕，可怕的是犯錯後不承擔責任。所以父母要在孩子犯錯之後進行正確的教育和引導，讓孩子在錯誤中有所收穫、有所成長。

二、讓孩子在犯錯中成長

父母應該引導孩子正確面對錯誤，這樣孩子才能成長，才能變得更有擔當。

小嘉的媽媽買了一輛腳踏車給她，有一次，小嘉在騎車時摔倒了，不僅受了傷，連腳踏車也摔壞了。

小嘉害怕極了，回到家後她一句話都不敢說，媽媽發現她不對勁，就問她：「小嘉，妳怎麼了？」

小嘉不敢說話，媽媽察覺到小嘉可能是犯了錯誤不敢說，於是耐心引導她：「小嘉，不要怕，有什麼事都可以跟媽媽說。」

小嘉小聲說：「我把腳踏車摔壞了。」

媽媽忙問：「那妳受傷了嗎？」

「破了一點皮，可是腳踏車壞了，騎不了了。」

看到小嘉十分不開心，媽媽開導她說：「沒關係，騎腳踏車哪有不摔跤的，腳踏車壞了可以修嘛！」

媽媽不僅沒有批評小嘉，反而安慰她，這種做法讓小嘉不再害怕犯錯。當孩子犯錯時，父母的責備和訓斥是於事無補的，責罵對幫助孩子改正錯誤是毫無幫助的。用正確的方法引導孩子彌補錯誤，並讓孩子學會避免再犯同樣的錯誤才是最重要的。

父母養育的是孩子，而不是那些不小心被弄壞的物品，不要因為孩子的不小心而大聲責罵。如果孩子一個不小心打破了東西，父母就大聲責罵、嚴厲訓斥，孩子就會產生這樣的想法：父母不重視我，反而更看重被打碎的物品。有了這樣的想法以後，孩子不僅不會吸取教訓，還會因誤會而與父母產生隔閡。

如果所有的父母都能像小嘉的媽媽一樣，不過分苛責孩子的錯誤，並引導孩子解決問題，孩子就會從錯誤中獲得成長。他們也能從中感受到父母的愛和良苦用心，而且能從父母的教育中學到很多道理。

但是，如果孩子犯的是原則性錯誤，比如撒謊、偷竊、欺負同學等，父母就要嚴格教導，讓孩子知道這種行為是不被允許的。同時還要用適當的懲罰讓孩子引以為戒，不再犯同樣的錯誤。

孩子的成長過程中應該有成功，也有失敗，父母要允許孩子犯錯，讓他們經歷挫折，並在挫折中得到成長。身為父母，我們要讓孩子明白，錯誤並不可怕，重要的是能從錯誤中學到什麼。

「放」字經：合理「放縱」，也是教育的必需品

著名教育學家陶行知說：「家長要經常讓孩子獨自去做一些事情，讓孩子多接觸原來所沒有接觸的事情，在實踐中去學習提高，並且透過自己的思考，慢慢形成自己處理各種事情的方法，避免僵化、呆板。」

這句話的主旨是讓家長給孩子發揮的空間，給孩子一些嘗試的機會。為什麼家長必須懂得「放」字經呢？

因為，很多成年人都有一個毛病：毫無主見，非常在意別人的看法，容易被別人左右。他們不敢發表自己的觀點，不敢吐露自己的真實想法。而這種性格的形成，與他們童年時代受到的教育息息相關。據我觀察，這類人幾乎都在成長過程中受到了過度的管束。

在本節中，我將結合案例來談談過度管束孩子帶來的危害。

一、過度管束讓孩子失去「翅膀」

幼兒時期是性格形成的關鍵階段，如果一個孩子在幼兒時期從來不自己做主，總是按照別人的意願來做事，那麼這個孩子長大後就很容易受他人的影響。如果父母在孩子成長過程中經常替孩子貼標籤、給評價，那麼孩子長大後就會非常缺乏自信，也容易失去自己的判斷能力，甚至做什麼事都要看別人的臉色。有很多成年人都做不到忠於自己，無法聆聽自己內心的聲音，就是因為他們太在意別人的眼光，習慣於看別人的態度行事。

其實，當孩子來到這個世界上時，他們是不在意任何人的眼光的，他們有一雙自由飛翔的「翅膀」。可是父母的過度管束，讓他們的「翅膀」被束縛，開始在意別人的眼光，學會隱藏自己的真實想法。

有的父母教育孩子要懂禮貌，逢人就要打招呼，即使孩子不願意、不喜歡也不行，可是，父母能做到逢人就打招呼嗎？父母就沒有不喜歡的人嗎？禮貌也要適度，別讓過度管束把孩子變成「假笑男孩」或「假笑女孩」。

還有的父母生怕孩子受傷，任何他們認為會威脅到孩子安全的事物都被排除在孩子的生活之外，他們不准孩子游泳、溜冰和參加朋友聚會；不准孩子吃速食、零食，這種養育方式看起來無微不至，但卻令人窒息。長此以往，孩子會漸漸變得沒有主見，遇事唯唯諾諾。

我有一個老同學，他的父母都是當地中學的教師，平時很喜歡以教育工作者自居，尤其是老同學的父親，非常瞧不起那些打罵孩子的父母。不過，老同學的父母雖然從不打罵他，但對他的管教非常嚴格，而且獨斷專行，從不徵求他的意見。

老同學說他的父親經常掛在嘴邊的一句話就是：「我是為你好！」這句話是多少孩子的噩夢啊，老同學也不例外。雖然，他很反感父母的做法，但他從來都不敢違逆自己的父母，對於父母的一些與時代脫節的觀點，他也不敢反駁。

大學畢業後，老同學想離家去外地工作，並藉此擺脫父母的控制，但是他卻在父母的眼淚和教訓面前低了頭。於是，他留在家鄉找了一份安穩的工作，把最初的理想和抱負都埋在了心中。

我的這個老同學本來有機會去外面的世界闖蕩一番，但是他卻被父母的管束緊緊地束縛住了，失去了飛翔的「翅膀」。

二、給孩子一個自由的舞臺

每個孩子都是一個獨立的個體，他們需要一個自由的舞臺去揮灑自己。可是很多父母都沒有意識到這一點，他們把自認為最好的東西提供給孩子，卻把孩子框在自己制定的標準之中，不給孩子任何自由發揮的空間。父母應該意識到，孩子具有獨立的思想、獨立的人生，他們不需要按父母的規畫去做每一件事。況且，父母能保證自己的決定就是完全正確的嗎？

事實上，有的孩子遠比父母勇敢，他們富有冒險精神和好奇心，願意去探索和嘗試新鮮事物。舉個很簡單的例子，一般孩子學游泳都會比大人快。

很多父母或者祖輩都不懂孩子的心理，錯把孩子「好奇」、「好玩」的心理特質當成了調皮搗蛋，於是把孩子看得很緊，這也不許，那也不讓。有些父母還喜歡對孩子發號施令，我曾經見到一個父親，他在半小時內連續命令了孩子十幾次，平均幾分鐘就要命令孩子一次。我不禁同情那個孩子，因為他小小年紀就承受了如此巨大的壓力。而且，我擔心那個孩子在父親日復一日的命令下會形成屈從、懦弱的性格。

有時候，父母的「誨人不倦」會變成「毀人不倦」，因為他們會把孩子的自主性和獨立性扼殺在搖籃中。或許孩子曾經試圖反抗父母，但是很快就會被父母鎮壓，在一次次的反抗與鎮壓中，孩子會走向兩個極端，變得或叛逆或懦弱。

我們周圍有很多在父母安排下生活的人，他們的求學、就業、婚姻都由父母安排，從小養成的逆來順受讓他們無從反抗，我甚至可以毫不誇張地說，很多人的一生都由父母包辦了。在學校裡，他們是聽話的乖孩子，在職場上，他們是對主管言聽計從的好下屬，他們已經在長期的束縛中失去了表達自我的能力，這樣的人生難道不悲哀嗎？

順從並不代表不痛苦，面對強勢的父母，孩子只能一再忽略自己的感受，內外的衝突讓孩子的內心充滿痛苦和矛盾，也非常容易產生心理問題。

在我看來，過度管束比打罵更可怕，父母應該試著讓孩子自己做主，給他們更多自由發揮的舞臺。

第8章 承家風：一門好家風，興旺三代人

「隔代教育」是當代父母們最關注的問題之一，面對孩子的教育問題，父母和祖輩的衝突一觸即發，難道隔代教育真的教不好孩子嗎？當然不是！如果父母和祖輩能夠充分溝通，求同存異，那麼兩代人就可以優勢互補，共同教育孩子。

兩代人的教育觀念大不同，怎麼辦？

當今社會的生存壓力日益增大，很多年輕的父母為了負擔起一家人的生活，只能把大部分時間都投入工作中。因此，養育下一代的任務就落到了爺爺、奶奶、外公、外婆身上。可是，兩代人的生活環境、教育背景、生活理念和價值觀都有很大不同，所以在

教育觀念上也很容易出現分歧。

教育觀念上出現了分歧，如果不好好處理，就很可能升級成家庭衝突、婆媳矛盾和夫妻失和，容易影響家庭關係和孩子的成長。

因此，當我們遇到兩代人的教育觀念衝突時，不要選擇逃避，而是要用正確的方式解決它。

一、當「科學」遇上「經驗」

年輕的父母們受教育程度高，接觸過更多的科學教育理念，而老一輩也有自己的一套經驗。無論是科學還是經驗，都有其合理性，可是當兩者碰撞在一起時，就會引發一場關於孩子教育的大戰。

有年輕父母表示，很感謝老人幫忙帶孩子，但是老人對孩子的溺愛也讓他們感到頭疼。遇到孩子摔跤的情況，爺爺奶奶會立刻把孩子扶起來，並安慰孩子，而大部分父母則會選擇鼓勵孩子自己爬起來。孩子哭鬧時，很多年輕父母不會選擇無原則遷就，這時爺爺奶奶就會認為父母是鐵石心腸，對哭泣的孩子置之不理。餵飯是一個令年輕父母苦惱的大問題，很多孩子已經四、五歲了，還讓爺爺奶奶餵飯，而爺爺奶奶們也樂此不疲，心甘情願地一邊端著碗，一邊追著孩子餵飯。

父母認為老人對孩子太過溺愛，容易讓孩子養成壞習慣，形成以自我為中心的性格。對此，爺爺、奶奶、外公、外婆有不同的看法。他們認為自己養大了好幾個孩子，每個都健健康康的，悉心照顧孫輩當然不在話下。

梁女士和她的婆婆就孩子洗澡問題展開了爭論，梁女士認為孩子應該勤洗澡，因為幼兒皮膚細嫩，汗液和皮膚排泄物很容易讓孩子起疹子，而且勤洗澡可以增強孩子的體質。而梁女士的婆婆則認為孩子太小，經常洗澡容易生病，也容易引起孩子哭鬧，不髒就可以不洗。

一個小小的洗澡問題，就可以引發兩代人觀念的碰撞，在其他問題上父母和祖輩的分歧就更多了。那麼，應該如何化解分歧，讓家庭更和諧呢？

二、求同存異，化解分歧

我們應該本著求同存異的態度去化解兩代人在教育理念上的分歧。為了避免引發不必要的家庭衝突，為了讓孩子健康成長，我有以下幾點建議，希望能對大家有所幫助。

▼讓老人了解錯誤的教育觀念

由於時代的局限，很多老人的教育理念是錯誤的，父母應該讓老人了解這些錯誤，讓他們意識到這些錯誤觀念對孩子的危害。比如，爺爺、奶奶、外公、外婆愛孫心切，為孩子包辦了一切，會讓孩子失去學習的機會。

只有當老人了解了新的教育理念後，他們才會配合父母，共同教育好孩子。所以，年輕的父母不要怕麻煩，要多對老人灌輸現代教育理念，但是也不要直接否定老人的經驗，以免引起衝突。

▼在父母教育和隔代教育中間尋找平衡點

祖輩在教育孩子的時候要保持理智，分清愛和溺愛的界限，不要讓感情控制了理智。父母在教育孩子的時候，要掌握好自由和規則之間的界限，不要過度強調自由，忽略了規則。

▼不要一出問題就找老人

在孩子的教育上，父母才是主體，父母應該意識到自己的責任，主動承擔起教育孩子的重擔，不要什麼都依賴老人，出了問題也找老人。孩子的成長只有一次，錯過了就不可能重來，父母不管多忙，都不要缺席了孩子的教育，不要把孩子的教育完全託付給老人，這樣既不利於孩子的成長，也不利於老人的健康。

避免在孩子面前發生衝突

當父母和祖輩在教育問題上發生衝突時，最好不要在孩子面前爭論。因為祖輩和父母意見不同、僵持不下，會讓夾在中間的孩子感到無所適從。而且，家庭中的爭吵和矛盾會讓孩子產生不安全感，對他們的心理健康不利。

認真傾聽老人的意見

父母要學會傾聽老人的意見，不要一開始就否定和拒絕，因為老人的經驗有時候也是十分有用的。父母可以主動告訴家裡的老人，孩子喜歡什麼，哪些東西對孩子的成長有利，要相信老人也能學習新理念，掌握新方法。

無論是父母還是祖輩，他們都有一個共同的出發點，那就是愛孩子。既然雙方目標一致，就一定可以求同存異、化解分歧。

要「隔代親」，更要「隔代教」

如今，隔代教養的現象屢見不鮮，很多老人都承擔著養育孫輩的重任。但是近年來，隔代教養的許多問題都慢慢浮現了出來。

隔代教養雖然能解父母的燃眉之急，但卻無法代替父母的養育。爺爺、奶奶、外公、外婆更多的是在生活上照料孩子，教育的任務還是要由年輕的父母來承擔。

當然，即使是照顧孩子的生活，老人也要注意以下幾個方面。

一、不溺愛孩子

在爺爺奶奶眼中，小群是一個非常懂事聽話的孩子，但是每當爺爺奶奶送小群去幼稚園時，小群就會不停地哭鬧，不願意上學。幼稚園老師告訴小群的父母，很多孩子剛上幼稚園時都會出現分離焦慮，但是一般持續半個月就會好轉，像小群這樣長期哭鬧不願上幼稚園的孩子很少見。

透過和小群父母的多次溝通，幼稚園老師終於發現了問題所在。原來，小群是爺爺奶奶帶大的，在家裡特別受寵愛，小群摔跤了，奶奶打地板，怪地板太硬弄痛她的寶貝孫女；小群不肯好好吃飯，爺爺端著碗一口一口地餵；小群和同伴有爭執，奶奶就說同伴不好，不讓小群跟他們玩。

在這種教育下，小群完全不知道應該如何與同齡的小朋友相處，所以幼稚園的小朋友們都不喜歡和小群玩，小群感覺自己在幼稚園受到了孤立，就更不願意去了。

爺爺奶奶的溺愛，讓小群變得十分自我，也不懂得分享，這導致她很難融入群體，也始終無法適應幼稚園的生活。

俗話說「隔代親，特別親」，祖輩們應該把對孩子的「親」變成正面的教育和引導，而非溺愛與放縱。因為溺愛會讓孩子難以融入群體，影響孩子的成長。

二、多帶孩子和同齡人玩耍

和同齡人玩耍，能讓孩子獲得更多的快樂，爺爺奶奶要多讓孩子和同齡人玩耍，讓孩子在玩耍中學會如何與他人交流和相處，這對孩子來說是非常有益的。

很多老人害怕自己的孫子孫女被人欺負，動不動就干涉孩子交朋友，還喜歡指責其他孩子，殊不知，這種做法會讓孩子無法與同齡人正常交流，讓孩子失去朋友。

讓孩子和同齡人玩耍，還可以培養孩子的社交能力和獨立性，如果祖輩們因為害怕孩子受傷就不讓孩子和同齡孩子玩耍，那麼孩子就會變得越來越孤獨和膽小，他們長大也沒有能力處理複雜的人際關係。

老人帶孩子時，可以在自己力所能及的範圍內，多帶孩子出門，讓孩子和同齡人一起玩耍。當孩子們發生爭執時，家長也不要參與，讓他們自己解決。如果發現孩子在與人相處時出現問題了，家長要在事後教導孩子正確的應對方法。

三、讓孩子學會自己動手

明明從小就是一個非常聰明的孩子，四歲就會一百以內的加減法，會背一百多首唐詩，明明一直是父母的驕傲。可是，明明上小學以後，成績一直不理想，很多題目應該要會卻總是寫錯。大家都說，明明很聰明，就是太粗心，如果細心一些，考試成績就會提升很多。

父母們經常抱怨孩子粗心，那麼，孩子為什麼會粗心呢？其實，這和孩子的生活習慣是息息相關的。如果父母和祖輩代勞太多，孩子的自理能力就會很差，做事情也容易馬虎大意。很多家長都認為孩子學習成績優秀就好，生活方面的事生疏一點也沒關係。但是，孩子的學習習慣和生活習慣是分不開的。生活上粗心大意，學習上也會如此。

隔代教養的孩子很容易出現生活習慣不好、自理能力差的現象，因為爺爺奶奶和外公外婆總是恨不得為孩子代勞所有的事。

俗話說「授人以魚不如授人以漁」。與其代替孩子做事，不如教孩子學會做事。父母和祖輩不可能一輩子照顧孩子，他們今後的生活終歸要靠自己去面對。所以，教會孩子自己的事情自己做，養成良好的生活習慣，遠比教孩子幾首唐詩、幾道算術題重要得多。

隔代教養也有優勢，一來老人們有充足的時間陪伴孩子，二來老人們對孩子普遍很有耐心，當父母的時間和精力有限的時候，隔代教養能緩解家庭的壓力，讓孩子得到更好的照顧。不過，老人們也應該積極更新自己的教育觀念，讓隔代教育更科學，讓孩子成長得更健康、更快樂。

愛是三代人最好的潤滑劑

都說隔代教養容易引發家庭衝突，隔代教養真的這麼可怕嗎？

其實，我們大可不必視隔代教養為洪水猛獸，因為隔代教養的底色是愛，是父母對子女的愛，是祖輩對孫輩的愛。只要我們認知到這一點，就能充分地互相理解，共同教育好孩子。

一、隔代親的情感基礎是什麼

我們要理解「隔代教養」和「隔代親」的情感基礎，也就是搞清楚老人們為什麼會對孫輩特別寵愛。

老人在帶大自己孩子的過程中感受到了很大的成就感和價值感，可是當孩子成家立業後便不再依賴父母，老人會因此產生強烈的失落感。第三代的出現恰好能填補老人的失落感，年輕父母在養育孩子之初會手忙腳亂，而老人可以用自己豐富的育兒經驗幫助他們，這讓老人又有了展現自己價值的機會，他們會不遺餘力地投入到照顧孩子的工作中。

老人在照顧孩子的過程中，會與孫輩產生深厚的感情。老人和孩子在一起時是那麼的開心，當孩子不在他們身邊時，老人會覺得悵然若失。一位奶奶說：「小孫子不在家時，我的心裡就空落落的，不知道該做什麼。」在不知不覺間，孩子會成為老人生活的重心。

孩子和老人在一起時也會覺得幸福和開心，因為老人豐富的人生閱歷讓他們變得慈愛、寬容，孩子在他們身邊不會感受到壓力，這使隔代感情變得更加親密和自然。

二、尊重老人的付出，滿足老人的情感需求

我們要尊重老人的付出，滿足老人的情感需求。

老人對孩子無微不至的照顧其實解決了年輕父母的實際困難，這是老人對子女的支持和幫助。年輕人也要尊重老人的付出，對他們心存感恩，不要把老人的付出看成是理所當然的。有時候，祖輩的教育觀點也許不那麼正確，年輕父母在堅持自己做法的同時，也要尊重老人的想法。我們可以和老人溝通，適當聽取他們的意見，但千萬不要貶低他們，也不要剝奪他們愛孩子、和孩子在一起的權利。有了孩子的陪伴，老人的生活

會更充實、更開心，孩子也會更輕鬆、更自由。老人和孩子的快樂能極大地促進家庭的和諧。

三、主動與老人溝通

年輕父母應該主動和祖輩溝通，在孩子教育問題上達成一致。

我認為，在隔代教育問題上父母應該認清自己的責任，要意識到祖輩可以幫忙照顧孩子，但不能代替父母養育孩子，不要把教育孩子的責任推給老人。就算工作再忙，年輕父母也應該承擔起教育孩子的重任，當老人照顧孩子時，年輕父母要主動與老人溝通，了解孩子的成長情況，與老人討論教育方法，盡到做父母的責任。

年輕父母與老人溝通時要講究方法，用老人能理解的方式與他們溝通，或者側面提醒。比如，年輕父母發現老人溺愛孩子時，可以透過討論別人的教育經驗，讓老人意識到自己的做法不妥。不要當面指責老人，這樣會傷了老人的心。

年輕父母應該鼓勵老人學習新知識，參加社會活動，以達到開拓老人視野、轉變老人觀念的目的。

四、父母要承擔責任

父母不能長期將孩子扔給老人，有的父母只顧著忙自己的工作，對孩子不聞不問，這種做法會帶來很多惡果。

有一次，我和同事聊起了孩子的話題。同事小張對我說起了他老家鄰居的故事。鄰居夫妻家住鄉下，平時在家務農，偶爾去市區打工貼補家用。在他們的女兒小涵10歲那年，夫妻倆為了讓小涵有好的讀書環境，就把她送去鎮上的學校，吃住都在外婆家。上國中以後，內向的小涵變得不聽話了，常常很晚回家。

外婆並不清楚她的去向，每次詢問，小涵都非常不耐煩。直到小涵連著兩天都沒回家，外婆才著急了，趕忙通知小涵的父母。全家人四處尋找，終於在一間網咖找到了正在和網友聊天的小涵。家人一問才知道，她是偷了外婆的一百元來上網的。

父母一商量，覺得還是把小涵接回家比較好，可是回到家沒幾天，小涵就再次偷了父母的錢去了網咖。父母又打又罵，還是不能阻止小涵的行為。

據我的同事所知，小涵在家跟父母的溝通很少，尤其是到鎮上讀書以後，她由外婆照顧，與父母更是缺乏交流。問到小涵迷戀網路的原因，她說：「有什麼不開心的事我願意跟網友說，他們都能幫我出主意。」

孩子寧可把希望寄託於虛擬世界，也不願和父母溝通，這不得不說是為人父母的悲哀。為什麼小涵會產生偷錢上網的念頭呢？就是因為她的家庭沒有給她溫暖，她的父母不懂得跟她交流，只會用打罵的粗暴方式來阻止她。

對孩子不聞不問、推卸不管，導致孩子出現問題，這是父母之過，不應該推到老人身上。只有父母負起責任，一家三代才能和諧相處。

孩子需要家庭中的每一份溫暖，雖然有了老人照顧，但他們同樣需要父母。就算不得已要與孩子分隔兩地，父母也要多過問孩子的情況，多和孩子交流，並定期將孩子接到自己身邊，以免造成親子關係的疏遠。

總而言之，愛是三代之間最好的潤滑劑，只要年輕父母能和老人互相理解、互相體諒，就能營造和諧的家庭氛圍，並提升家庭教育的品質。

電子書購買

爽讀 APP

國家圖書館出版品預行編目資料

大家風範，在當代成功中擁抱傳統價值：學識 × 品行 × 涵養 × 傳承，重塑世代相傳的價值與生活哲學 / 楊文 著 . -- 第一版 . -- 臺北市：崧燁文化事業有限公司 , 2024.03
面； 公分
POD 版
ISBN 978-626-394-064-2(平裝)
1.CST: 家庭教育 2.CST: 子女教育
528.2 113001975

大家風範，在當代成功中擁抱傳統價值：學識 × 品行 × 涵養 × 傳承，重塑世代相傳的價值與生活哲學

臉書

作　　者：楊文
發 行 人：黃振庭
出 版 者：崧燁文化事業有限公司
發 行 者：崧燁文化事業有限公司
E-mail：sonbookservice@gmail.com
粉 絲 頁：https://www.facebook.com/sonbookss/
網　　址：https://sonbook.net/
地　　址：台北市中正區重慶南路一段六十一號八樓 815 室
Rm. 815, 8F., No.61, Sec. 1, Chongqing S. Rd., Zhongzheng Dist., Taipei City 100, Taiwan
電　　話：(02) 2370-3310　　傳　　真：(02) 2388-1990
印　　刷：京峯數位服務有限公司
律師顧問：廣華律師事務所 張珮琦律師

定　　價：375 元
發行日期：2024 年 03 月第一版
◎本書以 POD 印製
Design Assets from Freepik.com